AINDA VALE A PENA

Luiz Cuschnir

AINDA VALE A PENA

Cultivar para manter os vínculos de amor

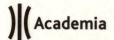

Copyright © Luiz Cuschnir, 2015
Copyright © Editora Planeta, 2015
Todos os direitos reservados.

Preparação de texto: Rosamaria Affonso
Revisão: Gabriela Guetti e Fernanda Iema
Diagramação: 2 estúdio gráfico
Capa: Compañía

CIP-Brasil. Catalogação-na-fonte
Sindicato Nacional dos Editores de Livros, RJ

C989a

Cuschnir, Luiz
Ainda vale a pena : cultivar para manter os vínculos de amor / Luiz Cuschnir. - 1. ed. - São Paulo : Planeta, 2015.

ISBN 978-85-422-0497-1

1. Relações humanas. 2. Comunicação interpessoal. 3. Comunicação. I. Título.

15-19883   CDD: 158.2
                                                          CDU: 316.47

2015
Todos os direitos desta edição reservados à
EDITORA PLANETA DO BRASIL LTDA.
Rua Padre João Manoel, 100 - 21º andar
Edifício Horsa II - Cerqueira César
01411-000 - São Paulo - SP
www.planetadelivros.com.br
atendimento@editoraplaneta.com.br

SUMÁRIO

APRESENTAÇÃO, 9

INTRODUÇÃO, 17

1 **NEM SEMPRE "FELIZES PARA SEMPRE"**, 23

　Mal-estar das relações, 24

　Força das mulheres, 26

　Recuo dos homens, 28

　No meio do furacão entre os dois, 30

　Quando sexo e amor se confundem, 32

　Para mudar o que não dá certo, 33

2 **A NOVA CARA DAS RELAÇÕES**, 37

　Em busca de afeto, 39

　Dores da separação conjugal, 40

　Novos homens, 42

　O que os homens escondem, 44

Trair e amar: realidade possível, 45

Novas mulheres, 48

Duas energias propiciam uma boa relação, 49

3 NOVOS PARADIGMAS, NOVOS PARES, 53

Inclusão mútua, 55

Nem tudo é compartilhável, 56

Antídoto para o tédio, 58

Grande travessia, 59

O caso dos machistas retrógrados, 60

Ceder é valorizar, 61

Jeito de homem, jeito de mulher, 63

O novo jeito de ser pai, 65

4 TODO AMOR É VIRTUAL, 69

Fantasias a mil, 72

Vida real *versus* parceiro idealizado, 74

Encontros a um toque ou clique, 76

Vilões dos relacionamentos, 78

"Ficar" ou namorar?, 80

Hora de provar compatibilidades, 83

Alma gêmea dentro de si mesmo, 83

5 DIFERENTES FASES DA VIDA, 87

Primeiro desafio: a convivência diária, 89

Traumas do passado, 91

Idade do lobo – e da tragédia, 93

Uma loba diferente, 97

Maturidade e cumplicidade, 100

Separação e descasamento, 102

Terapia como caminho, 105

6 CASAIS EVOLUTIVOS E A FORÇA DO AMOR, 111

Paixão, amor e convivência, 111

Falhas que fortalecem, 113

Amor e fantasia andam juntos, 115

Assimetria que estimula ou enfraquece, 117

Perdoar é crescer, 119

Infidelidade não é desamor, nem agressão, 122

Risco que transforma as relações, 123

7 FLUIDOS E FLEXÍVEIS: NOVOS TEMPOS, NOVOS RELACIONAMENTOS, 125

Respostas milagrosas imediatas, 128

Não existem teclas mágicas, 132

Sobe o macho-beta, desce o macho-alfa, 134

A arte de mudar o ponto de vista, 137

Sempre é tempo de amar, 139

APRESENTAÇÃO

O número de divórcios no mundo cresce a um ritmo acelerado, com taxas nunca antes registradas, em especial nas últimas décadas. Acompanhada de perto pelo Brasil, essa é uma tendência que até poderia soar como um alarme para os relacionamentos, podendo, inclusive, sinalizar uma eventual falência das relações. Estaria o casamento em baixa? O amor estaria sucumbindo à convivência?

Antes de qualquer conclusão, é importante assinalar que não basta uma única taxa para traçar um panorama das relações conjugais e afins entre homens e mulheres – não importa o país. Para uma visão mais completa seria preciso considerar inúmeras variáveis e muitos outros fatores, além de dados que revelam que, a despeito do aumento de divórcios, está crescendo o número de novas uniões, como segundo e terceiro casamentos, além do concubinato.

Citar essa nova realidade logo de início tem aqui um propósito: chamar a atenção para as transformações que, nos últimos tempos, instalaram-se nos relacionamentos entre homens e mulheres. São casamentos que duram menos (por volta de 15 anos para a primeira união), novas maneiras de encontrar os parceiros, novas posturas nas relações, além dos divórcios que se multiplicam e das novas relações a que se lançam os casais: só essas informações já justificariam a pertinência do tema que escolhi para este meu décimo terceiro livro, em que compartilho com os leitores muitas das reflexões de minha larga atuação como médico psiquiatra e muito da experiência por ter sido pioneiro a introduzir, no país, abordagens psicoterapêuticas sobre os gêneros, levando em conta esse NOVO HOMEM e essa NOVA MULHER, com grande influência do psicodrama criado por J. L. Moreno, de Nova York, nos Estados Unidos.

Ao optar por falar do relacionamento entre o homem e a mulher, dessa vez localizando-o neste início de terceiro milênio repleto de mudanças que afetam o comportamento de um e de outro na relação, decidi com isso abordar um novo viés do assunto, diferente do que escrevi em publicações anteriores. Ainda que eu aproveite neste livro minha experiência de mais de 40 anos como psicoterapeuta especializado na relação homem/mulher, a diferença proposta agora é a de enfocar a relação em si – e não mais homens e mulheres separadamente, embora eles sejam objeto de um olhar específico em certas passagens.

Em outras palavras, eu diria que refletir sobre os rumos desse relacionamento, em tempos de transformações aceleradas, nunca foi tão oportuno e necessário. Basta pensar, para isso, no contexto inicial deste século XXI, momento em que a humanidade consolida transformações vivenciadas no século anterior, mas também se vê envolvida por situações desconhecidas e ainda mais impactantes, as quais continuam a afetar os papéis do casal e a redefinir a dinâmica social como um todo.

Dentro desse contexto, eu sugeriria a você, meu leitor, refletir sobre as seguintes novidades já incorporadas ao nosso dia a dia: a transmissão de informações em tempo real; a multiplicação de interações simultâneas e diversificadas; a aproximação de distâncias; a quebra de fronteiras; o mundo ao alcance de um toque ou por estímulo ocular da íris; toda a interação por mídia digital – só para citar algumas delas. Tudo isso é importante porque a partir daí estão surgindo novos valores, novos paradigmas, novas maneiras de agir, de pensar, de trabalhar, de produzir, de negociar, de lucrar, de noticiar, de se divertir, de se comportar e, do que é nosso foco, de se relacionar.

Pensar sobre o homem e a mulher dos novos tempos, um em relação ao outro, e ambos inseridos na contemporaneidade, mais precisamente nesse mundo marcado pelos efeitos das convergências tecnológicas, da globalização, da responsabilidade ambiental e social, do amadurecimento democrático da sociedade, não significa, porém, diminuir a importância que essa relação teve em outras épocas. Como criador do Gender Group® (grupos de psicoterapia focada nas questões emocionais dos gêneros), desde a década de 1990, venho observando e disseminando meus estudos científicos e comparativos sobre os relacionamentos e os papéis sociais tradicionais de homens e mulheres, algo em permanente mutação, sobretudo a partir do século XX.

Para citar algumas das conquistas femininas que se efetivaram nesse período, depois de mais de 250 anos de lutas históricas, estão as que reconheceram os direitos de cidadãs das mulheres e aquelas que gradativamente as lançaram no mercado de trabalho, assegurando-lhes independência financeira, voz ativa, poder de decisão, ascensão e sucesso profissional. Um dos impactos dessas mudanças, porém, conforme constatação de meus estudos, acabou por recair sobre a identidade da mulher, gerando consequências não muito positivas para seus relacionamentos: imbuída de autoridade e sobrecarregada entre afazeres e duplas jornadas, essa mulher reprimiu sua essência feminina, com isso afetando as próprias relações para com o parceiro e a família.

O homem, por sua vez, em boa parte por causa dessa nova mulher que surgiu diante dele, também teve sua identidade colocada em questionamento, algo até esperado nesse contexto. Como consequência, ele passou a se autoquestionar com relação ao lugar que até então ocupava na relação conjugal, na família, na sociedade, optando muitas vezes a partir daí por se calar e retrair. O resultado desse desencontro está nos casamentos desfeitos que apontei acima e em tantas crises de relacionamento que se vê por todos os lados – inclusive em nossos consultórios.

Mas se o século XX trouxe todas essas consequências para a relação do homem e da mulher, o que esperar daqui para a frente? Essa é a pergunta que perpassa as próximas páginas, e este livro pretende ajudar a pensar sobre a melhor maneira de respondê-la.

Um novo paradigma está sendo definido no horizonte tanto dos homens quanto das mulheres. Neste livro, eu o chamo de *relacionamento de engrandecimento mútuo* protagonizado por casais evolutivos. Para alcançá-lo, é preciso disposição e perseverança, porque ele implica rever hábitos, procedimentos e até pontos de vista, o que muitas vezes só conseguimos com a ajuda de uma boa terapia. Nas próximas páginas, porém, procurarei mostrar quais são os principais equívocos que afastaram e continuam a afastar eles e elas desse cenário tão almejado. Mas igualmente enfocarei, a fim de dar pistas dos caminhos a seguir, soluções criativas e posturas conciliadoras. A ideia, com essas menções, é promover a visualização de cenas reais para saber evitá-las ou adaptá-las, quando necessário – e sempre visando à construção de relações cada vez mais plenas e saudáveis.

Entre os obstáculos que emperram a construção de um relacionamento ideal, eu adianto que estão principalmente as reações de parceiros que, respectivamente, perderam a própria identidade feminina ou masculina e não sabem como lidar com as mudanças diante do outro. Aí estão mulheres em dúvida com relação à própria essência feminina e que não contribuem com gestos e palavras para que os parceiros resgatem sua masculinidade na relação. E estão também homens que emudecem e são incapazes de se comunicar com suas parceiras, mantendo-as distantes e alheias as suas necessidades e seus sentimentos. A lista é extensa e diferentes situações são abordadas ao longo desta nossa conversa.

Já entre as posturas que fortalecem as relações, antecipo uma que é fundamental para cada um dos parceiros: a compreensão para um aceitar e respeitar a individualidade do outro, sem jamais negá-la ou sufocá-la. E um exemplo simples disso está na necessidade que o homem tem de estar com amigos para o futebol ou a mulher com amigas, para colocar o assunto em dia, como dizem. Nesse sentido, gosto de recorrer a um pensamento da tradição judaica, que, remetendo à criação do mundo, afirma que Deus, por ser infinito e estar presente em toda parte, naquele momento se retirou de cena, "autocontraindo-se", por assim dizer, para justamente dar espaço ao universo. E tudo por amor aos homens. Ou seja, o universo teria sido criado por Deus para a humanidade, seguido de um ato de retirada, um gesto de amor infinito.

Fazendo um paralelo com a situação vivida por homens e mulheres, é como dizer que se um parceiro tentar dominar o outro, não haverá nunca um relacionamento sadio. Nem mesmo um relacionamento. O verdadeiro amor que orquestra e equilibra as relações exige que um enxergue o outro, incluindo aí a individualidade de cada um, que deve ser cultivada – e jamais reprimida. Esse é justamente um dos pontos a ser discutidos neste livro.

Antes de prosseguir, parece-me pertinente ressaltar que as histórias aqui mencionadas, reservados o sigilo e a ética médica, provêm da adaptação de dúvidas e de reações masculinas e femininas de pessoas reais. Nada aqui é inventado, e todas as observações se dão sob bases profissionais e científicas, sem meu juízo crítico. As situações expostas e comentadas foram, portanto, em algum momento, protagonizadas por pessoas reais em referência a parceiros também reais. Parte delas vem do trabalho que realizo em meu consultório particular, e parte do que já realizei e ainda realizo no Gender Group®, que no início trabalhava com psicoterapia voltada para grupos masculinos, depois para grupos femininos e mistos, e hoje com psicoterapias individuais para homens e mulheres. Os dois campos da minha atuação profissional têm a dimensão, o pioneirismo e o embasamento dos conceitos relatados a seguir.

GENDER GROUP® – OS PRIMEIROS ESTUDOS INSTITUCIONAIS SOBRE OS GÊNEROS

Para entender a proposta terapêutica que desenvolvi para o Gender Group®, do Instituto de Psiquiatria do Hospital das Clínicas da Faculdade de Medicina da Universidade de São Paulo, sugiro visualizar a dinâmica de trabalho que durante muito tempo, ao longo da década de 1990, apliquei para grupos mistos: separados e sem contato, homens de um lado, mulheres de outro. Cada grupo era motivado com abordagens psicodramáticas gerenciadas por mim, o terapeuta responsável, a vivenciar as mais diferentes situações. Cada sessão grupal durava cerca de duas horas. Foi um trabalho que teve como base acadêmica minha dissertação de mestrado, ocasião em que me debrucei sobre o universo masculino, a fim de entender as profundas transformações do paradigma vigente nas relações naquela época.

Atendendo homens e mulheres tanto em trabalhos individuais quanto grupais, juntamente com a minha equipe, as propostas psicodramáticas remetem ao próprio nascimento; ao primeiro dia de aula; a relações com pai, mãe, marido/esposa e filhos; ao dia a dia de tarefas domésticas e rotineiras; a conversas no trabalho com chefes, pares e subordinados; à iniciação sexual; à vida sexual; à autoimagem como homem ou mulher ou até mesmo a medos e receios em geral. A intenção sempre foi a de colocar os pacientes em situações da contemporaneidade que elaborem as respectivas identidades de homem e de mulher, para que assim se espelhem e convivam com seus pares, revendo antigos parâmetros de comportamento e criando novos.

Quando opto por separar os grupos por gêneros, em vez de juntar homens e mulheres em suas vivências terapêuticas, existe aí uma clara explicação: homens e mulheres, quando juntos, demonstram mais dificuldade de entrega e exposição pessoal, por causa da vigilância e repressão de um gênero em relação ao outro, em especial os homens, que tendem a camuflar sentimentos e assuntos que sintam que possam ameaçar sua masculinidade – ainda mais diante das mulheres.

Por meio de exercícios verbais, físicos e do contato corporal com os outros, os participantes dos grupos são então envolvidos por um ambiente de confiança e assim estimulados a liberar medos e inseguranças que sentem em seus relacionamentos pessoais. A meta é que consigam trabalhar os próprios conflitos emocionais e esclarecer conceitos que para eles permanecem obscuros, impedindo o fortalecimento das respectivas identidades como homem ou mulher, e, por conseguinte, dificultando o estabelecimento de relacionamentos consistentes e sinceros.

É por isso que o Gender Group® interroga, expõe, provoca, instiga as pessoas a romper barreiras e preconceitos sexuais e de gênero. Tudo isso ao mesmo tempo permite a seus participantes descobrirem as similaridades que existem entre homens e mulheres, em especial em momentos de transição e de falta de parâmetros.

Trata-se de uma experiência inovadora de psicoterapêutica grupal relacionada a questões de gênero, a primeira desse tipo realizada no país e que só tem a contribuir para o desenvolvimento de casais verdadeiramente evolutivos. São conceitos que me serviram de base e me trouxeram muita experiência, inclusive nas psicoterapias individuais que realizo hoje em minha clínica particular, com o foco voltado para a mudança de paradigma que envolve os papéis sociais do homem e da mulher. Mais desse trabalho e do conhecimento que me proporcionou serão a partir daqui compartilhados com você. Vamos chegar a um olhar renovado dos relacionamentos, ver o antigo com novos olhos e examinar o novo com uma visão mais experiente.

INTRODUÇÃO

Sempre que começo a escrever um livro, ao menos para as palavras iniciais, busco inspiração em acontecimentos reveladores que promovam associações com o tema a ser abordado. É como se fosse um convite imaginativo, se é que posso chamá-lo assim, porque com esse gesto proponho comparações que instigam os leitores a olhar o mundo com olhos "desacostumados" – e reveladores. Nem que seja por breves instantes.

A tarefa é fácil e só exige momentos de desprendimento. Afinal, como psicoterapeuta, o que mais preciso é deixar de lado a minha avaliação pessoal e olhar, ouvir e sentir meus pacientes trazendo à tona suas cenas de vida. Nem meus conceitos, nem minhas experiências vividas devem interferir na recepção das suas dores e da sua proposta de vida. Então, também aqui, sugiro minutos de inspiração e disposição imaginativa para, de repente, perceber outros sentidos que não os corriqueiros em falas e atitudes, em gestos e até em objetos do nosso dia a dia.

Certa vez, deixando de me ater apenas à função decorativa das tulipas feitas em madeira artesanal que tenho em meu consultório, as quais transmitem certo aconchego aos pacientes, detive-me de repente em seus tons multicoloridos – e foi esse jeito "desacostumado" de olhar para elas que me fez recordar de meu primeiro relacionamento. Lembrei-me da época em que eu, então um jovem formando em Medicina, tentava manter um difícil namoro à distância com uma jovem holandesa com quem eu me correspondia desde a adolescência. A delicadeza da tulipa, que é a flor símbolo da Holanda, em contraste com a consistência sólida da madeira e a intensidade de suas cores, provocou a associação que me fez reviver sentimentos também fortes e marcantes – um paradoxo bastante ilustrativo para começar a falar sobre o aprendizado do amor.

Essa é uma abordagem metafórica que, afinal, mostra-se útil para introduzir temas de meus estudos e assim chegar mais facilmente às pessoas. Na verdade, trata-se de um modo apenas aparentemente desvinculado da realidade imediata: no fundo, ele também fala dessa mesma realidade, só que por meio do estímulo à imaginação e às sensações. E isso é algo de que o ser humano absolutamente precisa, ou seja, de criatividade para encarar o mundo de um jeito fora do habitual, até mesmo para conseguir enxergar mais do que a superfície revela.

Para falar do relacionamento entre o homem e a mulher nos dias de hoje, dessa vez, e por mais estranho que possa parecer, foi atravessando de carro as estradas do Texas em direção ao estado do Arkansas, no sudeste dos Estados Unidos, onde estive de férias recentemente, que me veio à mente uma associação extremamente importante para dar início ao tema deste livro. Naquela situação, enquanto da janela do automóvel, ainda no Texas, eu via passar uma paisagem plana, monótona, repetitiva, onde imperava um marasmo sufocante, comecei a pensar que aquele também é o destino de muitos casamentos e relacionamentos, em que homens e mulheres ficam juntos, mas sem conexão, enfrentando uma mesmice sem graça, rotineira, previsível.

E assim, à medida que o carro avançava, observando planícies contínuas, de amplos espaços, a maioria de terra batida e sem nenhuma edificação ou cor, cada vez mais me lembrava de tantos casais que conheci em anos como psicoterapeuta, de tantos homens e mulheres que vivem relações áridas, arrastadas, sem vida e sem mais nada de efetivo entre eles. São pessoas de quem conheço bem o vazio que as sufoca em seus relacionamentos ou em fins de relacionamentos, provocados na maioria das vezes por uma sucessão de descompassos: primeiro por se sentirem perdidos individualmente em seus respectivos papéis de homem ou de mulher e, justamente por causa disso, em um segundo momento, por não conseguirem mais estabelecer e construir com seu par um vínculo afetivo saudável.

Bem distante do verão e de suas cores mais intensas, longe ainda do calor ensolarado que sempre enche a vida de alegria, no Arkansas cheguei durante o inverno, com temperaturas abaixo de zero, o que contribuiu para que o frio intenso e a visão da neve mais fortemente me remetessem aos problemas compartilhados por tantos pacientes.

Lembrei-me especialmente dos pacientes homens que atendi e que só depois de muito silêncio e resistência em não se abrir, afinal, durante as sessões de terapia individual ou de dramatização em grupo, é que se confessaram acuados em sua masculinidade. Diante de parceiras cada vez mais emancipadas, percebendo-se sem voz ativa e não mais na condição de provedores e de autoridade familiar, na qual baseavam seus paradigmas de masculinidade, muitos relataram que preferiram se retrair – e emudecer. Resultado: contribuíam assim para a multiplicação de relacionamentos cada vez mais pálidos, áridos, frios, realmente gélidos.

É o que acontece principalmente com casais em que o diálogo já não é mais possível, em especial depois de repetidas "DRs", as chamadas discussões de relacionamento. Nesses embates orais, que inclusive podem ser bem acirrados, segundo relatos de meus pacientes homens, muitos se sentem impotentes diante do poder verborrágico das parceiras, preferindo se calar. Até que um dia, também sem dizer nada, eles se retiram de vez, desistem da relação, para surpresa da maioria das mulheres que não entenderam os sinais emitidos. A partir daí, muitas vezes inicia-se um dos indícios do que chamo de sequestro emocional, quando a parceira, sem aceitar a partida do companheiro, se faz de vítima, ou parte para diferentes formas de sufocamento da liberdade alheia, ou, ainda, passa a agir desesperadamente, sem amor-próprio. E isso só para citar alguns problemas, porque há muitas outras relações, principalmente as indissolúveis, em que, mesmo conhecendo na pele o sofrimento que se vive ali, as pessoas não conseguem se desfazer daquilo que o causa.

Engana-se, porém, quem pensa que apenas as mulheres sofrem com os chamados sequestros emocionais. Também os homens, quando atingidos em sua autoestima, ainda que sejam mais resistentes em admitir suas fraquezas, submetem-se igualmente a essas situações. E assim partem para demonstrações exacerbadas de machismo ou para outros excessos – alcoólico, sexual, de violência, de rigidez para consigo mesmo.

Viver nesse vaivém de emoções é quase como atravessar as estradas da minha viagem ao Arkansas, onde o que resta é suportar as curvas acentuadas, os aclives e declives sem fim, com o carro ora todo voltado para a esquerda, ora para a direita, submetendo-nos a vertigens e enjoos crescentes. Diante dessa verdadeira gangorra emocional a envolver tantos homens e mulheres em seus relacionamentos, a pergunta que fica é a seguinte: como então conseguir manter o equilíbrio e a saúde intactos?

Em meu trajeto de férias, optamos, meus sobrinhos e eu, por parar várias vezes. Em outros momentos até decidimos ir mais devagar, evitando movimentos mais bruscos. E uma vez inseridos naquele percurso sinuoso, só nos restou encarar a situação com mais razão do que emoção, conscientes de que era preciso atravessá-la da melhor maneira possível. Exatamente como acredito que deveriam fazer homens e mulheres em crise de relacionamento: verificar quais são as atitudes necessárias e mudar para o ritmo mais adequado, aceitando as mudanças do terreno e revendo o jeito de cumprir a rota.

O bom dessa atitude, que em minha viagem implicou desacelerar o carro – assim como no dia a dia dos casais talvez sinalize para a necessidade de uma terapia seguida de reestruturação da relação –, foi descobrir pelo caminho aquilo que em alta velocidade costuma passar despercebido. É que, com a aceleração, não era possível observar os detalhes da vegetação rasteira e a presença individualizada das árvores e arbustos, ora com seus galhos secos, ora com seus troncos escapando da cobertura homogênea da neve, a sinalizar a vida ali latente, só esperando o momento de desabrochar com a mudança da estação. Assim, por mais que o branco monótono e o triste tom cinza imperassem na paisagem do Arkansas naquele período, de perto, olhando com atenção e calma, pensei que ali também estava presente a possibilidade de dias melhores. Só era preciso um olhar desacelerado.

Assim acontece também com a vida dos casais. Se for dada a devida atenção a cada um em separado e aos dois, na relação de um com o outro, se houver calma para descobertas e entendimentos mútuos, se houver desejo de mudança, e, principalmente, amor latente para a reconstrução – sempre haverá esperança. Diminuindo a velocidade, dirigindo um olhar mais atento e minucioso às situações e ao parceiro, é possível encontrar outras formas de se relacionar. Uma vez que é certo que aquela paisagem de colinas nevadas ou de planícies monótonas, ao chegar a outras estações, vai se encher de cor, dos mais variados tons de verde, vermelho-púrpura e amarelo, assim também pode vir a acontecer com os relacionamentos, que podem colorir-se, florescer e se transmutar. E há que lembrar que não existe nada mais bonito do que ver os primeiros pontos de luz brotando, seja no meio das matas, seja nos relacionamentos. De volta ao Brasil, quando penso que aqui não existe neve e perdura o verde o ano inteiro, onde poucas árvores perdem suas folhas por completo, como acontece no hemisfério norte, não seria por isso que as matas e florestas brasileiras estariam livres de crises a afetar seu equilíbrio e sua exuberância. Na verdade, crises estão sempre à espreita esperando a hora certa de se manifestar. Na natureza, infinitas são as ameaças. Nos relacionamentos, a origem de muitos problemas ao se enfrentar as dificuldades ainda está na inadequação de um ou dos dois parceiros em relação ao papel que ocupa na relação.

Se a mulher perde sua feminilidade, que é sua essência na relação, automaticamente ela deixa de estimular a masculinidade do parceiro. E vice-versa. Daí a importância de se buscar a essência de cada gênero, de se entender as esferas de influência de um sobre o outro, de se reconstruir os papéis, agora adequados à vida contemporânea – que é bem diferente dos tempos de nossas avós e bisavós. Estar disposto a aceitar essa ideia, o que inclui respeitar a si próprio e à individualidade alheia, já é um grande passo para a construção de relacionamentos evolutivos.

As estações vivem de ciclos. Os relacionamentos também. Podem acabar, sim, mas outros podem renascer tão vitais quanto eles. É uma compreensão que inclui o próprio ser humano em geral e cada gênero em particular. Às vezes, estamos mais ou menos receptivos e dispostos, outras vezes mal ou bem-humorados. Estar em equilíbrio não significa necessariamente demonstrar constância – o que, aliás, pode ser até monótono. Ideal é entender a transformação como parte da vida. Assim, quando o inverno chegar e nivelar tudo pelo frio, e em certos países pelo total branco da neve, é preciso ter sempre em mente que ainda assim o verde continuará pulsando oculto, para logo mais resplandecer. É preciso saber esperar. Para isso, basta desacelerar e buscar os melhores caminhos para se chegar lá.

Um relacionamento afetado pela monotonia, pelo distanciamento, pela frieza, pelo vazio do emudecimento ou pelo vazio da verborragia, pelo *tanto faz*. Apesar disso tudo, ele pode ter solução. Pode, e não precisa necessariamente se autodestruir. A ideia deste livro, portanto, é apontar trajetos possíveis de serem trilhados para que essas relações possam ser reestruturadas, finalizadas, ou mesmo recriadas com novos cenários. Minha missão aqui inclui alertar os leitores para os riscos de percursos que só continuam a provocar visões distorcidas pela aceleração e pela superficialidade do cotidiano. Mas também inclui enfatizar quais são as maneiras de agir e de pensar que, afinal, podem estimular olhares mais atentos, ponderados, desacelerados e até "desacostumados", desde sempre necessários para se focar o que realmente importa e pulsa. E que pode muito bem ser o amor. Da forma que for...

1

NEM SEMPRE "FELIZES PARA SEMPRE"

Quem frequenta cinema, assiste à televisão, aprecia um bom livro ou gosta de ouvir os chamados contos populares, com certeza já conhece uma das frases mais comuns, que surgem, explícitas ou não, nos finais apoteóticos dessas histórias: "e assim foram felizes para sempre". Se o enredo for estimulante e esse final incluir a imagem de um casal apaixonado que se beija sugerindo o triunfo do amor sobre as dificuldades, nossa empatia pelos dois é imediatamente acionada. Tão envolvidos nos sentimos com esses finais felizes, que não achamos nada de estranho idealizar o mesmo destino para nossas vidas.

Começar este capítulo relembrando essa frase que, afinal, nos é bastante familiar e simpática tem aqui o objetivo de lançar uma provocação. Primeiro, porque é uma frase geralmente empregada no final de uma história – e jamais em começo de conversa. Segundo, porque ela praticamente faz parte do nosso inconsciente coletivo quando o assunto é amor e relacionamento. Sem querer ir longe, mas ainda assim procurando instigar questionamentos, principalmente com relação à herança cultural que recebemos e pouco discutimos, eu então pergunto: e se esses heróis e heroínas, esses mocinhos e mocinhas dos filmes, das novelas e da literatura pertencessem ao mundo real, será que depois desse beijo eles viveriam eternamente em harmonia? A depender do que acompanho há mais de quatro décadas na minha clínica, onde justamente trabalho com homens e mulheres que vivem crises de relacionamento, a resposta mais comum seria "não". Mas a resposta que interessa a este livro, porém, é "talvez".

Os caminhos que levam à felicidade dos relacionamentos afetivos não são fáceis de ser trilhados, mas podem, sim, ser percorridos com bons resultados e conquistas positivas. Neste ponto, até é possível comparar as relações da realidade às relações da ficção, porque sempre haverá muitos obstáculos a serem vivenciados e vencidos, porém, a diferença é que o final feliz não se alcança quando o homem e a mulher finalmente conseguem ficar juntos. No mundo real, é justamente aí que começa o grande desafio.

Antes de conhecermos o que pode vir a dar errado depois do famoso "sim" dos casais, mesmo que este seja dado sem cerimônias com pompa e circunstância, é importante ter claro que a divisão do mundo entre "o bem" e "o mal", como acontece na fantasia, só existe mesmo na visão maniqueísta... da fantasia. Na vida real, as situações são sempre muito mais complexas: aqui não existem bonzinhos e malvados, bruxas e princesas, príncipes e carrascos, para citar alguns personagens, mas, sim, seres humanos sujeitos a uma série de fatores, inclusive culturais, emocionais e psicológicos. Muita gente, inclusive, pode se tornar o principal inimigo de si mesmo, principalmente quando o assunto é a construção de relacionamentos. Como e quando isso acontece? Muito mais frequentemente do que se imagina.

MAL-ESTAR DAS RELAÇÕES

Uma das armadilhas mais comuns para os relacionamentos é a possessão. E isso vale tanto para a mulher quanto para o homem. Querer ter domínio total sobre a vida do parceiro, sem respeitar sua individualidade, sufocando-o com ciúmes, cobranças e desconfianças, costuma ser o primeiro passo de uma série de equívocos.

Nestes tempos de comunicação digital, um bom exemplo desse avanço de sinal está no hábito que muita gente tem de vasculhar e-mails e celulares do companheiro ou da companheira, um gesto lamentável que lança uma espécie de "vírus" sobre a relação. E eu digo "vírus" não só para ficarmos na linguagem da tecnologia, mas porque é uma atitude que, à semelhança do comportamento de um vírus, que muitas vezes permanece ali inerte, camuflado, só esperando a hora de se manifestar, ela instala algo de ruim na vida a dois, um mal-estar latente que só espera o momento de vir à tona para espalhar mais suspeitas, dissimulações e mentiras – tudo o que é destrutivo para a base de qualquer relacionamento. Antes de dar vida a atitudes potencialmente perigosas, verdadeiras pragas para a vida em comum, homens e mulheres deveriam buscar "autovacinas", pois as que estão no mercado não funcionam mais. Deveriam apostar mais na disponibilidade de receber o que o outro tem para dar, e, se isso não for possível com sinceridade, buscar ajuda profissional para desenvolvê-la.

Quando uma pessoa, homem ou mulher, se sente inferiorizada diante do parceiro, quando não consegue colocar em prática ou sequer imaginar uma conversa frente a frente com a disposição de falar, ver, ouvir e sentir o outro, muitas vezes é porque seu amor-próprio se encontra abalado. Sem confiança em si e no próprio potencial, é comum essa pessoa se encolher ou dar margem às desconfianças generalizadas, sentir medo e reagir ao que lhe parece uma ameaça – daí as cenas de ciúmes, a vigilância sem sentido e toda sorte de discussões e desrespeitos. É nesse sentido que essa pessoa passa a agir como inimiga de si e de sua própria relação. Uma situação que, aliás, pode se repetir também do outro lado: ambos estão contaminados e, por conseguinte, o vínculo entre eles.

Embora tanto homens quanto mulheres estejam sujeitos às consequências nefastas da baixa autoestima, é importante destacar que existem diferenças significativas entre as causas que desencadeiam esse sentimento em cada gênero, assim como na maneira como cada um age e reage. Há aí um tanto de biologia, mas, principalmente, muita influência cultural, psicológica, histórica e social. Pensemos primeiro nas mulheres.

FORÇA DAS MULHERES

Depois de um longo passado de submissão e proibições generalizadas, a mulher enfim encontrou sua liberação ao longo do século XX. Foi quando passou a trabalhar fora de casa, a votar, a ter independência econômica, a ascender profissionalmente e a dispor de sua sexualidade e do próprio corpo. Não se pode esquecer que para esse contexto contribuíram muito os avanços tecnológicos, já que a força física não foi mais um requisito para o trabalho feminino. Aliás, muito pelo contrário.

Graças à descoberta de habilidades típicas das mulheres, como a atenção apurada para o detalhe e a sintonia fina das mãos, muitas passaram a ser preferidas, inclusive em linhas de montagem de fábricas. Hoje, porém, em uma sociedade cada vez mais convergente e digitalizada, em que o setor de serviços está em plena expansão, bons músculos há muito deixaram de ser requisito para a maioria dos empregos – motivos mais do que suficientes para que a força de trabalho feminina se dissemine, assim como sua presença em cargos de comando e de decisões estratégicas.

Agora a mulher não vive mais exclusivamente o papel de "rainha do lar", título que, vale observar, desde sempre conteve muita hipocrisia. Sem falar na outra denominação que recebeu por tanto tempo, a de "dona de casa", o que também merece ser comparado a seu equivalente no idioma inglês, housewife, esposa da casa... (mas há outra?). De soberana, portanto, a mulher pouco desfrutou, seja nesta ou na outra categoria, na qual, afinal, fica resumida a uma função e a um determinado espaço. Inserida em estruturas paternalistas, é importante observar que, se de um lado ela mudou progressivamente nas últimas décadas, isso não ocorreu com todas as estruturas que a rodeiam. Não ao menos no mesmo ritmo. E ainda que ela represente a maioria que sai das universidades hoje, mesmo nos mercados mais desenvolvidos 94% dos principais presidentes de empresas são homens. Resultado: a própria mulher atravessou o século XX não só vivendo as transformações de seu papel social, mas também repensando uma série de conflitos internos relacionados ao que ela exige de si e o que é exigido a sua volta.

Que postura assumir diante da família e do homem? – essa foi uma das principais inquietações femininas dentro do novo cenário. Cada vez mais independentes e fortes frente ao homem, muitas mulheres passaram a disputar com ele não só o poder econômico, mas também a autoridade. Dentro e fora de casa. Para mostrar voz ativa, muitas tiveram ainda de assumir a linguagem e os trejeitos do poder, sendo obrigadas a mostrar duas vezes mais esforço e talento para serem ao menos reconhecidas. A partir daí, foi até previsível que muitas levassem para a vida pessoal o mesmo espírito altivo e competitivo que lhes foi útil no mundo do trabalho – embora nem tanto dentro de casa. O que aconteceu é que a exigência do "igual para igual" não poderia mesmo dar certo, porque desde o início deixou de respeitar as características de cada gênero. Logo, o impacto e as consequências disso tudo não foram dos melhores.

Enquanto a mulher precisou agir e mudar mais rapidamente para se adequar a um novo mundo em transformações aceleradas, o homem, por sua vez, de início apenas reagiu. Acostumados às vantagens do patriarcado e à autoridade de pai, marido, namorado e até à de chefe, já que por muito tempo só eles ocuparam os postos de comando e liderança, poucos homens souberam lidar com as novas mulheres. E assim, entre os casais, acabou surgindo e acontecendo de tudo: de mulheres sobrecarregadas por duplas jornadas, estressadas e exigentes, a mulheres autoritárias, estas sem muita paciência com parceiros mais lentos e ainda resistentes às transformações exigidas pelos novos tempos.

A partir daí, foi muito comum vê-las em permanente estado de alerta, prontas para competir em qualquer situação, o que de certa maneira afetou a sua relação com o feminino, principalmente no que diz respeito a aspectos dessa feminilidade tão necessária à masculinidade do homem. Sim, porque, como sempre observo, é a feminilidade dela que define a masculinidade dele. O tipo de mulher define o tipo de homem no relacionamento, e vice-versa. Com ambos afetados pelas mudanças de seus respectivos papéis sociais, dá para entender o motivo de tantos descasamentos.

RECUO DOS HOMENS

Igualmente afetados pelos novos tempos e diante de mulheres mais poderosas, os homens, por sua vez, rapidamente passaram de acuados a monossilábicos, muitos inclusive feridos em sua própria autoestima. E por quê? Porque simplesmente deixaram de ser os provedores e de deter o poder econômico, que, por sua vez, era a base de seu poder político, social e familiar. E também de sua autoridade. A verdade é que muitos deles se mostraram inaptos para lidar com parceiras cada vez mais independentes e exigentes. E assim os conflitos brotaram.

Até mesmo a traição foi consequência desse contexto. Quantos foram os homens – e também as mulheres, embora elas menos intensamente – que decidiram buscar fora do casamento e do relacionamento o que acreditaram não ser mais possível encontrar dentro dele? E uma vez lançado o "vírus" da traição e da desconfiança, já sabemos o que acontece. Novamente, a autoestima de homens e mulheres se viu atingida em cheio, com acusações e sentimentos de culpa, dando início ao verdadeiro círculo vicioso que tanto compromete os relacionamentos: do não estar bem consigo mesmo, passa-se para dúvidas e incertezas em relação ao parceiro; daí para o medo, do medo para uma atitude inadequada e pronto! – instalou-se a crise da relação. E esta, se não for posicionada da maneira correta, tem grande probabilidade de que sucumba aos riscos – daí a indicação da ajuda de um profissional que vai estimular autoquestionamentos para a revisão de posturas e valores.

No fundo, relacionar-se com outra pessoa é sempre um risco. Amar é um risco – como eu costumo dizer. Mas não no sentido negativo da palavra; na verdade, quando eu a emprego dessa maneira, refiro-me ao que a palavra tem de útil e proveitoso, que é seu potencial de instigar homens e mulheres a serem melhores, principalmente para enfrentar a convivência produtiva com o outro. Risco é lidar com o imprevisível, com uma incógnita. Relacionar-se, afinal, implica ceder, negociar, cultivar, estar pronto para conviver com o diferente, tudo para se crescer junto. Não há um seguro para a vida toda, muito menos no compromisso de amor do outro. Infelizmente, porém, ainda são muitos os percalços vivenciados pela maioria de homens e mulheres nesse exercício.

Para as mulheres, ainda há outra ameaça latente, e não muito nova, que continua a ameaçar seu equilíbrio. Dessa vez, para além da competição do mercado de trabalho e da competição com o companheiro, a disputa que está à espreita, ameaçando-as de maneira impiedosa, reside na competição pela beleza física, quando em comparação com outras mulheres. Afinal, nunca foram poucos os apelos, dentro de casa e, sobretudo, da mídia, para que elas se mantivessem sempre bonitas e muito bem-cuidadas – mesmo com toda a carga de responsabilidade e trabalho que passaram a acumular. E isso sem falar no fator juventude que também sempre atingiu as mulheres em cheio, até porque beleza para muitos é atributo da idade. Da pouca idade.

Assim, se em sua trajetória, durante um longo período, a mulher permaneceu subjugada pela autoridade do homem, nos novos tempos, apesar de importantes conquistas, ainda assim ela continuou acossada. Mas agora, mais pela contradição entre demandas novas e exigências tradicionais: o excesso de trabalho versus a demanda por beleza e juventude; a assertividade exigida no mundo profissional versus a feminilidade esperada dentro e fora de casa. Diante desses contrastes, seria mesmo demais exigir muito equilíbrio da mulher contemporânea. Mas a sociedade assim o fez, principalmente o parceiro dela, o qual, por sua vez, sentiu-se completamente perdido no novo contexto. É preciso ainda lembrar que, para completar esse quadro, a própria mulher se encheu de culpa. Culpa por trabalhar fora e não estar com os filhos; por não ter tempo de dar a atenção que o parceiro pedia; por não conseguir cuidar de sua saúde e beleza e ao mesmo tempo dos afazeres da casa – aliás, como continuou a lhe ser exigido pela sociedade, por vezes até a exaustão.

NO MEIO DO FURACÃO ENTRE OS DOIS

Ao imaginarmos que não foi fácil para a mulher manter seu equilíbrio, apesar de sua força, razão que a levou também a muitos equívocos cometidos em relação a seu parceiro e relacionamento, a partir daí dá para supor o furacão que também atingiu o homem. Não seria de estranhar que ele, considerado por vezes o sexo frágil da relação – afirmação essa que certa vez causou bastante polêmica e que justifiquei em razão da natureza mais conservadora do homem para se engajar nas mudanças dos novos tempos –, estivesse mais perdido do que a mulher. Recorrendo a conhecimentos da física, faço uma analogia dessa característica masculina com as propriedades da matéria: quanto mais rígida ela for, maior a sua possibilidade de rompimento, principalmente se comparada às compleições mais flexíveis.

Há décadas, publiquei um livro intitulado *Masculino – como o homem se vê/ Feminina – como o homem vê a mulher*, cuja capa, na verdade, eram duas. Duas capas e nenhuma contracapa, porque, dependendo do enfoque, masculino ou feminino, o livro tinha a sua capa específica, bastando virá-lo para que o leitor escolhesse por qual enfoque começar a ler: a que era destinada ao homem, com a sugestiva imagem em que se via a figura masculina acompanhada de um arame farpado utilizado em cercas, como as das tradicionais propriedades rurais, a indicar quão preso ele ainda se sentia, principalmente em relação a cobranças pessoais e sociais. Ou, virando o livro, a que se dedicava à mulher, em que a figura feminina via diante dela cordas, algumas rompidas, dando a ideia de que ela vinha conseguindo se soltar de muitas amarras.

Aquele era um tempo em que o Feminismo estabelecia grandes mudanças sociais. Em contrapartida, surgia também ali o que chamei de Masculismo, tendência que ensaiava seus primeiros passos. Tendo sido um precursor desse movimento no país, passei assim a estudá-lo mais detidamente, escrevendo meus primeiros livros. O objetivo principal do Masculismo é tentar reverter o mito de que o homem não precisa de ajuda, de tratamento ou de proteção. Não é uma reação ao Feminismo, mas uma complementação do movimento das mulheres. A ideia é pesquisar a vida emocional masculina, atender o homem do ponto de vista psicológico e físico, e, posteriormente, até a respeito de legislação.

De lá para cá, e estamos falando aí de um espaço de cerca de três décadas, os homens vêm demonstrando sua nova visão de mundo e comportamento, especialmente para com a paternidade, mas, ainda assim, há muito a se fazer nessa área e em outras, para liberá-los dos arames farpados que os cercam.

De acordo com as sessões de psicoterapia que muitos homens realizaram sob minha coordenação entre o fim do século XX e o início do século XXI, posso testemunhar o quanto eles se sentiram fragilizados e incompreendidos naquele momento. E o mais preocupante: testemunhei o quanto eles resistiram a compartilhar seus sentimentos com outros homens – e muito menos com as mulheres. Retraídos, acuados, cheios de mágoas e segredos, sem saber lidar com os novos tempos, com a nova mulher e a nova família, aqueles homens com certeza contribuíram para muitas separações e desmantelamentos familiares. Muitos reagiram com desdém e violência ao movimento feminista e às implicações deste sobre seus relacionamentos, principalmente quando acreditaram que sua masculinidade estava ameaçada. Também sentiram e provocaram medo, lembrando aqui que o medo está a anos-luz do amor.

Das demais reações masculinas que presenciei, provocadas por abalos em sua estrutura psicológica, vi muitos se tornarem depressivos ou dependentes químicos, enquanto outros optaram por ser *workaholics*, algo aliás bastante recorrente entre eles. Foi, na verdade, a saída mais comum que alguns encontraram para a impotência que sentiam ao viver vidas familiares ou conjugais em que não estavam mais à vontade, nas quais não encontravam o lugar que um dia haviam ocupado. Dedicar todo tempo e toda atenção de que dispunham ao trabalho, inclusive em momentos que deveriam ser destinados ao lazer, ideal para repor as energias entre familiares e com a parceira, ao final acabou por gerar ainda mais frustração: sem descansar, o desempenho deles no trabalho acabou comprometido. Daí a origem de novos e mais descontentamentos e desentendimentos. E o pior: muitos passaram a culpar a própria companheira e a família por isso, sem contar o fato de que ficaram suscetíveis a problemas de saúde, inclusive com o aparecimento de doenças autoimunes, metabólicas ou circulatórias.

Jogar a culpa no outro pelos próprios problemas sempre foi uma atitude bastante imatura – e que não passa despercebida nos atendimentos psicoterapêuticos, apresentando-se em ambos os gêneros. Nas sessões de terapia, abre-se um campo para mostrar a cada um dos pacientes o quanto eles próprios são responsáveis e causadores das condições frustrantes que estão vivendo – e reiteradamente criticando. E aqui chamo a atenção para essa outra armadilha bastante comum nos relacionamentos: a do próprio queixoso de se sentir o eterno sujeito injustiçado. É verdade que há certas situações em que a pessoa é realmente vítima das circunstâncias, ou até mesmo das pessoas de seu entorno, que não aceitam as atitudes ou a independência dela, mas é sempre importante investigar se não há aí excessos de vitimização.

QUANDO SEXO E AMOR SE CONFUNDEM

Até aqui procurei apontar quais são as armadilhas mais comuns que colocam um ponto-final em relacionamentos que poderiam ter continuidade, e ressalto que, por mais que atropelos tenham sido cometidos nas experiências de relacionamento, tanto de homens quanto de mulheres, ainda assim as pessoas querem se relacionar e, mais importante, querem poder amar e ser amadas. A questão é estar atento para o fato de que quando uma pessoa procura outra para se relacionar, ela tende a buscar alguém que se encaixe em seus critérios ou exigências, ou seja, que corresponda a um modelo predeterminado. Mas sempre visando poder viver o amor. Por mais que depois não se exijam todas as características idealizadas, uma grande força inconsciente age de forma decisiva na hora de se fazer a escolha. Muitas vezes, as pessoas tendem a repetir modelos de relacionamentos passados, às vezes espelhados na relação dos pais ou em buscas de amores perdidos no tempo.

Algo que também precisa ser pensado como armadilha recorrente para a construção de relacionamentos de engrandecimento mútuo é a confusão entre amor, sexo e fidelidade. Dizer que "quem ama não trai", uma associação que já faz parte do senso comum, no fundo implica colocar tudo no mesmo patamar, como se fossem sinônimos e a única via para uma relação dar certo. Esse assunto será discutido mais adiante, mas a questão é que o amor é um sentimento maior e mais profundo, e que não deveria ter o mesmo peso dado ao sexo e à fidelidade. Trata-se de um reducionismo perigoso para as relações, principalmente quando determina o fim delas, seja porque o sexo é ruim, seja porque um dos parceiros praticou sexo fora do casamento ou do relacionamento. Há de se considerar nessas situações que tanto o sexo quanto a traição são diferentes para o homem e para a mulher, de acordo com a experiência que tenho em meus estudos sobre os gêneros. Por outro lado, existem explicações psicológicas para o excesso de interesse ou mesmo para o desinteresse pelo sexo, assim como para o desejo de procurá-lo fora do relacionamento, algo que pode muito bem ser tratado em terapia. Quando há amor – e o interesse em rever posturas e mudar conceitos –, essas questões podem ser superadas e, afinal, contribuir para uma maior aproximação dos parceiros. Voltarei a esse tema mais adiante.

PARA MUDAR O QUE NÃO DÁ CERTO

A percepção de si mesmo demanda muito exercício para que cada parceiro consiga se enxergar no espelho e reconhecer as próprias responsabilidades – ou, às vezes, irresponsabilidades – nas diferentes crises por que passam. Esse é um tipo de indução que a psicoterapia conduzida por um especialista alheio à situação pode levar adiante – e com sucesso. O terapeuta que vê o problema de fora geralmente enxerga muito mais, conquista o respeito dos pacientes, faz com que baixem a guarda e passem a se expor e revelar o que sentem sem as arraigadas amarras, deixando-se inclusive questionar sobre elas. Muitas vezes, tenho que fazer um trabalho procurando ajudar os pacientes a se reconhecer de maneira até contundente, como único meio para demovê-los da paralisia congelada e gerada por seus respectivos dogmas relacionais. Fundamental em qualquer caso é ter consciência de que não existem situações insolúveis para os relacionamentos, e sim abordagens adequadas para que ambos possam reconhecer, aceitar e tentar uma resposta possível.

Pelo que foi dito, fica evidente que, quando o assunto é o sucesso do relacionamento entre o homem e a mulher, muitos aspectos precisam ser repensados, contextualizados e revistos. Porque, se queremos realmente mudar o que não está dando certo, não podemos repetir fórmulas prontas (ou acreditar nelas), ainda mais quando anacrônicas, ou seja, quando são modelos de outras épocas, os quais tentamos de toda maneira adaptar às exigências da contemporaneidade. E em vão. Por isso, é importante que cada parceiro se conheça bem, se autoquestione, perceba o novo nessa relação, saiba o que quer e tenha consciência do fato de estar ou não procurando reproduzir comportamentos ultrapassados e falidos.

Nem sempre é fácil perceber isso sozinho. O nosso psiquismo é dotado de um sistema de defesa extraordinário, que barra qualquer informação que tenha carga emocional muito grande e seja capaz de desestruturá-lo. Por isso, existem tantas barreiras para a pessoa chegar ao cerne da questão que envolve seus relacionamentos equivocados. Às vezes, existem aí sofrimentos e carências da infância ou da adolescência a causar imensa dor psíquica. O melhor que se tem a fazer, portanto, é procurar um espaço terapêutico com os instrumentos capazes de propiciar aos pacientes um contato com suas questões mais profundas, para assim conseguirem ter acesso a suas emoções e escolhas. E a partir daí dirigirem-se para onde for melhor.

Sabendo disso, é mais fácil ter consciência de que mulheres com postura do século XXI não poderão nunca mais conviver em harmonia com homens cujos valores são os do século XX – ou mesmo do século XIX. E vice-versa. As pessoas precisam ter consciência de que o mundo mudou. E se estiverem elas próprias aptas a mudar, novas formas de relacionamento estarão esperando por elas. Caso contrário, as armadilhas estarão à solta e camufladas, como as que vimos aqui, além de muitas outras. Nada melhor, portanto, do que conhecer o que se espera do relacionamento de homens e mulheres contemporâneos. Quem são os parceiros da atualidade, que qualidades eles têm, como se relacionam, o que querem, afinal, os homens e as mulheres dos novos tempos que justamente vivem novos tipos de relacionamento? Para saber mais, é só seguir adiante.

2

A NOVA CARA DAS RELAÇÕES

Falamos muito em mudanças, principalmente no mundo contemporâneo, mas não é de uma hora para outra que elas se instalam, sejam do tipo que for. Normalmente, exige-se tempo de maturação, seguido de uma série de etapas a serem ultrapassadas: do impacto da novidade (e digo impacto porque mudar sempre implica sair da zona de conforto, forçando a movimentação), passa-se pela quebra das resistências naturais e culturais, até se chegar à fase de aceitação, em que o novo é absorvido e integrado como próprio. Logo, o que um dia tanto incomodou acaba aos poucos sendo assimilado, ganha status de normalidade e tudo segue adiante – quando então novas mudanças surgem no horizonte, dando início a outro ciclo de alterações.

Se compararmos essa descrição ao que vem acontecendo nas últimas décadas com os papéis sociais de homens e mulheres, a conclusão a que chegamos é de que há, sim, muita coisa em comum entre esse processo e as transformações pelas quais eles passaram. Até porque a mudança que hoje atinge um e outro é cada vez mais visível e tende a se intensificar: basta ver como as mulheres estão mais independentes econômica e afetivamente, não mais presas, portanto, a relacionamentos por submissão financeira ou pressão social; ou, ainda, observar como os homens aceitam mais a própria emotividade sem subterfúgios, inclusive expondo dúvidas e sentimentos que pouco tempo atrás seriam interpretados como fraquezas, sem falar na tranquilidade e interesse com que assumem a paternidade, não tendo mais de provar nada para ninguém. E isso apesar do ranço de machismo, perceptível, por exemplo, quando classificam essa atitude como o "lado maternal" dele, do que discordo com veemência: na maioria das vezes, esses homens estão envolvidos com seus filhos como pai, com o seu referencial masculino, e não como mãe.

É certo que todas essas mudanças ainda chamam a atenção, o que em outras palavras significa dizer que, até terem status de normalidade, muito ainda precisa ser feito e outro tanto está em pleno processo de transformação – embora não existam dúvidas de que homens e mulheres avançaram significativamente em relação ao papel que desempenhavam nos anos 1980 e 1990.

Naquela época, segundo pesquisas que realizei com meus pacientes do Gender Group®, no Instituto de Psiquiatria do Hospital das Clínicas da Faculdade de Medicina da Universidade de São Paulo, muitos homens se negavam a falar sobre o que sentiam, outros rejeitavam as próprias emoções, imagine então discutir os problemas com as respectivas parceiras. Não havia possibilidade de diálogo. Tinham para si modelos masculinos arraigados, em que era muito comum não dar atenção aos filhos, tarefa delegada às mulheres, mesmo quando certos pais dispunham de horários de trabalho flexíveis, o que lhes permitiria acompanhar os filhos até a escola ou ao playground do prédio, por exemplo, mas não faziam isso com receio de serem malvistos pela sociedade – e até mesmo pelas mulheres que lá estavam com as crianças. O peso da imagem do homem provedor que não chora, do chefe de família autoritário e ocupadíssimo ainda era muito forte sobre seus ombros.

Por outro lado, nesse mesmo contexto, lá estavam as mulheres, muitas delas já trabalhando fora de casa, mas precisando urgentemente se autoafirmar na nova posição, o que as levava a cobrar dos parceiros a mesma rapidez e agilidade com que vinham acumulando funções e responsabilidades. E assim, compreensivamente, mais preocupadas em definir seu novo papel no mundo e na família, em vez de se ater ao ritmo mais lento deles para assimilar os novos arranjos e para perceber as necessidades dos parceiros – o que faria com que aprendessem os novos papéis –, em vez de incentivá-los a dialogar e expor o que os incomodava, por mais difícil que fosse a tarefa, elas acabavam dificultando a aproximação deles. Recorriam a competições, atitudes ríspidas, cobranças e discussões intermináveis. Essas eram, na verdade, as queixas que os homens faziam de suas parceiras, de quem inclusive já reclamavam de mais feminilidade, incomodados com tanta dureza.

Para enfatizar as diferenças daquela época comparando com o que vivemos hoje, recorro a um questionário que então apliquei a meus pacientes, pedindo que enumerassem o que cada um faria e esperava dos respectivos relacionamentos. As mulheres disseram que procurariam aceitar melhor as características masculinas, inclusive o jeito mais racional do parceiro de ver o mundo. Também procurariam desconfiar menos deles e entender as cobranças que sofriam da tradição machista em que foram criados. Dispuseram-se a ouvi-los e a acreditar sinceramente que eles poderiam melhorar. Os homens, por sua vez, garantiram que seriam mais carinhosos e centrados, inclusive na hora de falar com elas, procurando compreender a parceira e "tirando o sexo da frente da conversa". Muitos ainda se propuseram a falar a verdade e não mais "o que elas queriam escutar". Pensando nessas respostas, elas dão o que pensar sobre a origem de tantos desacertos.

EM BUSCA DE AFETO

De lá para cá, o caminho percorrido por homens e mulheres produziu bons resultados em seus relacionamentos, nos quais cada gênero hoje busca mais a difícil realização afetiva e amorosa do que o suporte financeiro e a autoafirmação. Durante muito tempo, porém, é importante relembrar que ganhar dinheiro foi, para eles, uma prova da condição de macho e de respeitabilidade social; e para elas, o único caminho possível para a independência. Desse contraste, despontou a razão para a afronta competitiva que muitas vezes se instalou entre eles.

Superadas essas motivações, homens e mulheres estão hoje mais inteiros para as relações. O novo homem já aceita e até participa das mudanças do mundo feminino, sem se opor totalmente às conquistas delas; está também mais aberto às próprias emoções, as quais não tenta mais sufocar, e sim trazer para juntar ao seu lado racional hipertrofiado.

A nova mulher, por sua vez, já não está mais tão dura e masculinizada, conforme acusações que recebeu por ter vestido uma espécie de máscara de ferro, sem a qual, é verdade, não teria resistido no competitivo mundo do trabalho. Mais segura de seu potencial e de seu novo espaço social, não há mais por que se mostrar tão agressiva, daí a abertura que muitas têm se dado para os relacionamentos, agora sem tantas cobranças e mais em busca de afeto. Tenho visto, inclusive, muitas delas refletirem sobre o que estão deixando de lado e que é vital para a relação com o companheiro, tentando resolver os dilemas relacionados a isso. Trata-se de uma iniciativa positiva, porque quando a mulher tem uma predisposição a aceitar o homem sem ameaças ou agressões, este deixa de considerá-la uma adversária, passando a respeitá-la e desejando sua companhia para crescerem juntos.

O que estou querendo dizer com relação aos relacionamentos é que um novo cenário, promissor e mais positivo, está se estruturando; nesse cenário, os parceiros mostram-se mais amadurecidos e acostumados às mudanças que afetaram um e outro, as quais um dia foram bastante impiedosas, deixando ambos perdidos. Em épocas anteriores, constantemente assistíamos a disputas, incompreensão generalizada, descaso, brigas, agressões e muita dor por todos os lados.

DORES DA SEPARAÇÃO CONJUGAL

A reação feminina à separação, naquele contexto, em parte por causa do peso e da herança social do casamento, em parte por causa da dupla jornada que muitas enfrentaram para tentar melhorar o aporte financeiro do casal e da família teve o impacto de uma forte rejeição, algo que em muitas mulheres provocou o efeito nocivo parecido ao de uma infecção generalizada. Quantas não foram as pacientes que chegaram ao meu consultório com a autoimagem destruída, sentindo que não eram boas o suficiente como mulheres e mães, o que as levou a serem acometidas inclusive por doenças físicas, tamanho o impacto do sentimento de rejeição.

Ao longo das muitas sessões de terapia, afinal consegui mostrar a várias dessas mulheres o quanto da culpa que sentiam pelo descasamento tinha a ver com o desencontro de toda uma geração, que então vivia situações novas para as quais não havia sido preparada. Diante dos novos papéis sociais que se configuravam, diante do peso do casamento e de tantas outras transformações políticas, sociais, morais e comportamentais, cada gênero reagia à sua maneira.

Os homens, com sua característica masculina de predador, mais do que nunca se mostravam acuados, retraídos, apáticos, silenciosos, procurando no trabalho e nas aventuras extraconjugais respostas que, na verdade, não estavam ali, mas cujas atitudes contribuíam para aumentar ainda mais a distância e a dor da parceira. Por causa de sua natureza de inconformidade e desejo de mudanças, foi preciso mostrar às mulheres que também elas tinham sua parcela naquele desacerto mútuo, por causa das cobranças generalizadas e até do desprezo que sentiam pelo homem, então bastante perdido. E assim, imbuídas da necessidade de exigir respeito, direitos iguais e garantir seu lugar na sociedade, ficaram cegas para as necessidades do parceiro.

A dor masculina que também presenciei naqueles dias mostrava-se, porém, diferente: nos homens, tinha mais a ver com solidão do que com rejeição. Por ter uma dependência emocional muito grande em relação à mulher, às vezes essa sensação se traduzia em dependência prática. Por isso, muitos deles ficaram bastante perdidos nos primeiros momentos da separação, sem saber o que fazer, como se organizar, quase sempre recorrendo aos excessos – e que também não resolveram muita coisa. Passada aquela fase, muito comum entre os homens, eles aos poucos começaram a procurar mulheres não mais apenas para o sexo, ou para provar algo à sociedade, mas com a preocupação de se sentir bem na companhia de uma parceira. Hoje, depois de algumas décadas de adaptações ao seu novo papel social, o homem conhece e domina sua sexualidade, assim como suas emoções, sabe o que quer, está mais seguro de si e até dando outra cara aos relacionamentos.

Atualmente, ouço meus pacientes descreverem o prazer imenso que experimentam fisicamente no sexo, com a diferença de que falam também do prazer emocional que sentem quando estão ali abraçados com a parceira. Eles passaram a ver o sexo como uma entrega mútua e uma relação de amor, quer dizer, o homem de hoje percebe e sente mais a relação, não se trata só de ejaculação. E o mais importante: ele agora sabe que pode dizer não ao sexo, pode até sair com uma mulher e não querer transar com ela. Essa é uma grande conquista masculina, porque o homem deixa de ser refém das cobranças que exigiam provas de virilidade e fica mais livre para tratar o sexo com mais sentimento.

NOVOS HOMENS

Os homens da contemporaneidade não escondem mais suas fraquezas, inseguranças e dependências. Se eles se sentem seguros e aceitos nas relações pessoais e afetivas, dedicam-se mais inteiramente a elas. Aliás, é isso que hoje procuram, algo que não acontecia no passado. Decididamente, eles não querem uma mulher com atitudes masculinas, mas buscam alguém que tenha força e determinação para se desenvolver com eles, lutar ao lado deles – e não contra eles. O homem quer o que a mulher tem de mais sutil e flexível, além do lado sonhador imaginativo dela.

De modo geral, ele está mais alegre, espirituoso, não se preocupa tanto em se mostrar sério e taciturno, como lhe foi exigido no passado. Hoje ele pode até sorrir e ser mais simpático. Até mesmo porque está mais autêntico, sincero, não escamoteia o que realmente deseja: sem receios, mostra suas fantasias, deixa mais claro para a mulher o tipo de compromisso que quer ter, não se enrola nem a enrola. Também deixa claro quando não quer pagar as contas e se posiciona sobre não pretender sustentá-la. Afinal, ela também não quer o mesmo, caso ele venha a querer se encostar nela. E nesse aspecto é importante saber que os homens estão mais diretos do que nunca quando continuam a classificar as mulheres com as quais se relacionam em duas categorias: aquelas com quem querem apenas transar e aquelas com quem até se casariam. Há ainda critérios mais sutis para essa escolha, em que eles observam os dotes da mulher, e aí podem estar incluídas as habilidades culinárias, de dona de casa ou de futura mãe dos filhos deles, os quais, afinal, diferenciam-se como qualidades da mulher com quem querem viver seu presente para construir seu futuro. Eles hoje querem das mulheres mais conteúdo do que papéis estereotipados. Essa é, aliás, a queixa de muitas mulheres em relação a esse novo homem, justamente quando elas não se encaixam entre as que ele escolhe para casar.

Certa vez, quando eu respondia a cartas de leitoras, chamou-me a atenção a ilusão e a pouca percepção de uma moça que reclamava de um paquera que nunca a levava a locais públicos, até que um dia eles se encontraram em uma festa: acompanhado, ele fingiu que não a conhecia. Dias depois, ele a procurou, disse que aquela acompanhante tampouco era sua namorada, que ela morava em outra cidade. Reclamou das cobranças, mas tentou outro encontro – e novamente só para transarem. Acontece que essa moça sonhava com outro tipo de relacionamento entre eles, imaginando que conseguiria mudá-lo – e é aí que ela se tornava refém de um relacionamento que sequer existia integralmente. Meu conselho para ela foi o seguinte: primeiramente, não podemos condicionar um relacionamento à hipótese de que vamos conseguir mudar o parceiro. Segundo, o rapaz estava sendo mais do que claro, e era evidente para todo mundo, menos para ela, que ele não queria nada mais senão o prazer do sexo. Insistir no improvável só faria com que sofresse mais. Daquele jeito, ela só contribuía para o seu próprio sequestro emocional.

Por isso, é importante ter claro que, apesar das mudanças pelas quais os homens vêm passando, eles são movidos pela energia masculina e pelas suas inerentes características. Muitos deles, por exemplo, continuam a se basear no que veem, planejam e conhecem, principalmente na hora de escolher suas parceiras. E os parâmetros dos quais se utilizam em boa parte ainda vêm da formação familiar ou das experiências de casamentos ou relacionamentos anteriores. Daí o fato de ser comum eles se pautarem pelos prós e contras de escolhas feitas antes:

aqueles que tiveram traumas emocionais como abusos, escândalos ou traições tendem a não aceitar mulheres com experiências semelhantes. Assim, checam com a pretendente, às vezes sem que ela perceba, como foram seus relacionamentos anteriores. Há que lembrar ainda que hoje há o recurso de se navegar pelas redes sociais. É muito importante ter consciência de qual imagem a mulher – e também o homem, porque vale o contrário – quer que seja visualizada em suas páginas pessoais na internet.

O QUE OS HOMENS ESCONDEM

É verdade que os homens vêm se transformando significativamente, mas há reações e comportamentos que, como eu já disse, são típicos da essência masculina, muitos ainda presentes. Sem falar no fator cultural. Um exemplo disso é o perfil ainda comum de homens que não aceitam ou resistem muito – principalmente se o interesse é o compromisso sério – a mulheres que exercem a sexualidade com mais liberdade, que tiveram muitos parceiros ou que "ficam" ou "ficaram" sem muita discriminação. Tampouco veem com bons olhos certos comportamentos que elas têm nas redes sociais. Hoje eles até podem buscar e desejar mulheres independentes, que tenham uma carreira profissional, mas desde que a ambição profissional delas não ultrapasse o desejo de constituir uma família e ter cuidados com os futuros filhos e o ambiente doméstico. Mulheres femininas e independentes, que mantêm contato com sua essência feminina, podem ter tido relações íntimas com outros homens e isso não as desmerece. Mas desagrada a alguns homens, e esse é ainda o lado mais conservador deles.

E aqui cabem algumas dicas para as mulheres que também visam ao compromisso: com esse intuito, os homens ainda preferem as mulheres carinhosas, atenciosas, educadas, voltadas para valores familiares, pouco beligerantes, bem-apessoadas, mas que também tenham uma carreira profissional, desde que esta não interfira drasticamente na vida a dois. A pergunta que fica, então, é: eles estão agora interessados em pessoas que são uma espécie de projeção de si mesmos, com as quais se sentem mais seguros, ou buscam parceiras que os complementem justamente naquilo que lhes falta?

De acordo com a observação que fiz no início deste capítulo, é importante saber que toda mudança acontece aos poucos, progressivamente, e enquanto se instala, ainda gera conflitos, justamente por conviver com os padrões antigos, aqueles que estão sendo modificados. Se essas transformações de repente envolvem a natureza humana e a vida em sociedade, nada então se torna exato. Nesse aspecto, para responder à questão anterior, eu diria que é preciso considerar a natureza mais conservadora do homem, como já mencionado, mas também seu lado contraditório, ambos comuns na mente masculina. E digo isso porque ao mesmo tempo que o homem atual tem medo da mulher que possa vir a "se encostar nele", financeiramente falando, ele também tem dificuldade em conviver com uma mulher com vida própria, que possa competir com ele e até vir a desvalorizá-lo.

No passado, quando ele se deparava com esse tipo de mulher, muitas vezes tinha seu orgulho de homem ferido. E não foram poucas as vezes em que acompanhei isso. Esses riscos continuam presentes no imaginário masculino, assim como várias outras contradições ainda bastante latentes. Um exemplo ocorre quando o homem encontra a mulher ideal, com quem também compartilha uma boa cama. Porém, por saber que ela entende do assunto, sente pavor só de pensar na possibilidade de ela ter uma vida sexual independente. O grande temor do homem, e também do novo homem, continua sendo a traição – porque nela está embutida a comparação da sua masculinidade com a de outro homem, ideia que ele não suporta.

TRAIR E AMAR: REALIDADE POSSÍVEL

Muitas características do homem tradicional permanecem presentes no novo homem, como já observado, porque todas as transformações são lentas e nunca decisivas; por isso, é sempre válido relembrar algumas dessas reações e receios, até mesmo para saber identificá-los. Nesse aspecto, a traição é considerada há algum tempo o problema potencialmente mais ameaçador e lancinante para os relacionamentos, principalmente porque persiste a diferença de como homens e mulheres a veem e percebem. Ainda que o homem contemporâneo esteja mais disposto a preservar e respeitar seu relacionamento com a mulher que ele escolheu para compartilhar a vida, muito da herança masculina de outros tempos ainda pode falar mais alto.

O que eu quero dizer é que, para o homem, ter relações sexuais com outra mulher que não a sua parceira necessariamente não significa traí-la. Trair, em sua concepção, continua a ser entregar-se de corpo e alma a essa outra pessoa – o que muitas vezes ele não faz. Por isso, para ele, transar com outra mulher pode não significar e nunca ter significado que deixou de amar sua parceira. Com o perdão da comparação, quando o homem sai com outra é como se ele fosse ao parque de diversões, não há nenhuma dimensão amorosa nisso, fato que já não é igual para a mulher. De um lado, porque quando é a pessoa traída, a mulher sofre demais, já que é comum encarar a traição como uma rejeição a ela como um todo, a algo que possa ter de errado e a alguma coisa que o homem sente que lhe falta para seu ideal de mulher. Por outro lado, quando é ela quem trai, a sua entrega à relação extraconjugal muitas vezes é mais plena, além de despertar uma série de questionamentos e culpas. Daí também o conflito para o homem traído.

Descobrir que se está sendo traído desestabiliza qualquer pessoa. Ninguém gosta ou quer de sã consciência viver essa experiência, mas acho fundamental ressaltar aqui que, por mais que ela machuque fundo na alma, homens e mulheres não deveriam encarar a infidelidade como o pavio de uma bomba pronta para tudo destruir. A questão, porém, é que pouca gente consegue lidar bem com a situação, sobretudo o homem, que, se traído, sente-se envergonhado e ferido em sua virilidade e em sua identidade masculina. A razão é simples: ele teme as comparações e receia ser trocado por uma proposta de vida sexual e afetiva melhor, que a parceira poderia vir a viver segundo os atributos do concorrente, os quais ele, nessa circunstância, costuma superestimar, principalmente por causa das dúvidas que tem de si mesmo. A mulher, por sua vez, com a traição também se sente atingida em seu papel social, pensando em como terá de lidar com aquilo socialmente, perante os outros. Em todo caso, a traição continua a ser delicada para as relações, indicando sempre uma falência da pessoa que se queria ser e não foi. Posso garantir que a devastação do fim de um casamento sólido, decorrente de uma traição corriqueira, tem um poder destrutivo dez vezes pior do que a traição em si mesma.

Por isso, meu alerta para a necessidade de os casais reverem seus conceitos e posturas nesse quesito. Peço que tenham serenidade, calma para pensar melhor, porque a traição, conforme já enfatizei, não significa o fim do amor nem a falta dele, menos ainda um abandono avassalador. Na maioria das vezes, é só uma válvula de escape, uma demonstração de que conflitos anteriores individuais ou do casal não puderam ser resolvidos e aquele casamento ou relacionamento precisa ser reestruturado. Daí seu lado positivo. Superar a traição e refazer o relacionamento é uma maneira de construir vínculos afetivos mais fortes do que aqueles que se tinha anteriormente, de jogar fora o que estava errado e explicitar o que é possível e o que se quer da relação a dois. É um caminho doloroso, sem dúvida, mas que pode valer a pena. Como sempre a pessoa traída está tão machucada que não consegue enxergar nada de positivo, enfatizo e estimulo a compreensão de que nesses momentos é preciso ter maturidade e serenidade.

Atendi muitos casais que chegaram até mim em situação crítica, aparentemente irrecuperável. Aqueles que aguentaram essa situação e conseguiram enxergar o porquê de tudo aquilo deram a si mesmos tempo para lidar com as próprias questões não resolvidas. Tendo também percebido que o impasse em que se encontravam estava destruindo suas relações, puderam assim recuperar o lado positivo do vínculo que existia entre o casal. Recorrer a esse atendimento terapêutico tem sido um caminho interessante, até para as pessoas envolvidas verem como aquilo que parece tão drástico pode ter solução. Os novos tempos e as novas relações estão a exigir dos novos homens e das novas mulheres disposição, maturidade e abertura para o autoquestionamento e a compreensão mútua. Esta é a mais eloquente diferença de décadas atrás com o que acontece hoje.

NOVAS MULHERES

Esse linhas atrás eu falei das contradições masculinas, com o objetivo de destacar a complexidade que continua a existir no relacionamento entre homens e mulheres, chamo agora a atenção para os conflitos femininos que estão em fase de superação, mas ainda assim bem presentes. Porque, embora muitas mulheres reclamem hoje da falta de um relacionamento amoroso, ao mesmo tempo elas se mostram satisfeitas com o que estão vivendo com relação a conquistas profissionais, independência e liberdade. Diante dessa situação, entendo que, como o homem, chegou o momento em que a mulher não precisa mais provar que é capaz e responsável; seu lugar no mundo já está assegurado, por isso ela hoje pode se voltar de novo para sua essência feminina – com a diferença de estar agora mais fortalecida. É a hora de ela olhar mais para a sua natureza feminina, que pede um ambiente mais íntimo em que possa se ver e ser vista, em que possa cuidar das suas sensações, sentimentos, emoções, dúvidas etc. As relações de amor são preponderantes para que ela se sinta realizada. Mulheres desejam ter relacionamentos estáveis. O desafio, porém, é conciliar essas demandas com as demandas de parceiros que também estão em fase de buscas pessoais, às vezes com ritmos bem distintos um do outro.

Uma dica interessante para resolver essa equação está em ter consciência do que cada um dos gêneros já não quer mais em sua vida. Nesse sentido, as mulheres não querem mais parceiros machistas, violentos, homens que as subestimem, que permaneçam calados e retraídos, alheios às necessidades delas, do casal e da família. Tampouco querem *workaholics* que, com o argumento de sustentar a casa, como faziam seus pais e avós, encontram justificativas para toda e qualquer ausência e autoritarismo. Por outro lado, os homens hoje sentem mais atração por companheiras que os ajudem a concretizar seus projetos de vida. E com quem possam livremente compartilhar sucessos e insucessos, sem receio de que elas não aguentem e se desesperem. A hora é de dividir o fardo e as responsabilidades, basta de ser o único provedor, a ideia dos relacionamentos atuais é a de somar. Só que a atitude mais ativa dela, às vezes até proativa, não deve ofuscar seu referencial feminino, como, por exemplo, a maneira de ela se comunicar com ele, de pedir inclusive orientação e opiniões. A cumplicidade é como aquela flor que precisa ser regada sempre, respeitando a característica da planta que a faz brotar.

Eu acrescentaria ainda que se a mulher souber usar bem sua sensualidade, não necessariamente a sexualidade explícita, mas a sua sensualidade feminina, e que independe de padrões de beleza, ela conquistará muita coisa. Isso porque esse jeito tão charmoso naturalmente feminino é um atributo que os homens continuam a apreciar muito nelas, fazendo, inclusive, que se sintam mais à vontade diante dessa nova mulher também segura de si e naturalmente sensual. Ou seja, eles assim deixam de se sentir acuados ou retraídos, como acontecia quando a mulher se mostrava guerreira demais. Esse jeito que toda mulher tem dentro de si faz com que o homem experimente a sensação de ser mais viril, o que é muito importante para ele. Aliás, fundamental para sua posição diante da mulher e para o relacionamento de ambos.

DUAS ENERGIAS PROPICIAM UMA BOA RELAÇÃO

De forma geral, ainda que muita coisa precise continuar se transformando, as relações entre homens e mulheres estão mais leves e a comunicação ainda é o único meio para que os dois se conheçam melhor e construam algo produtivo e edificante. Esse é o maior desafio do casal. Daí a pergunta que fica no ar: "Como devo me dirigir a meu parceiro?", "Quais palavras usar com ela?", "Em que momentos falar, o que falar, como construir o diálogo?". Quando estão em um relacionamento, o primeiro passo é um respeitar o outro, entender seu limite, tanto de sua individualidade quanto do espaço de intersecção formado pelo casal, a área comum dos dois. Qualquer desatenção a alguma dessas áreas pode ser entendida como uma invasão, e, consequentemente, motivo para atritos.

Vejamos como exemplo o seguinte depoimento: "Eu não sabia o que ia acontecer depois de ela ter me dito que não queria mais saber de nada comigo. Fiquei perdido, estávamos noivos e eu não aceitava a possibilidade de não casar mais com ela. Não estava, porém, preparado para aquela reação. Tentei várias mensagens e ela não me respondeu. Depois de um tempo desde o último contato, ela aceitou que nos encontrássemos. Eu não sabia como me portar, escolhia as palavras, os gestos, quase o jeito de respirar. Era totalmente imprevisível e até comecei pedindo desculpas, pois ela estava certa, eu tinha pisado na bola. Até que aos poucos a raiva dela foi se dissipando. Agora estamos bem. Ufa... que sufoco!".

Numa briga, o que está submerso aparece nas diferentes expressões que cada um mostra, agressivamente, para o outro. Há um intenso conflito entre o que se fala, o que se ouve e o que se vê. A acuidade, preciosa para que cada um entenda o outro, fica perdida nessas agressões. É muito difícil conseguir o distanciamento necessário para não se deixar envolver e entrar na contenda. Cada um busca nos instrumentos psicológicos que adquiriu na vida a receita para isso. No exemplo anterior, o homem mostrou que tinha se preparado para enfrentar a situação, daí a chance de o sucesso ser maior.

Nos relacionamentos, se as duas energias, a masculina e a feminina, forem levadas em conta e aceitas de maneira saudável, o homem terá um comportamento predominantemente de ação, razão, provisão, enfrentamento, agressividade (no bom sentido). Já a mulher, um comportamento de afetividade, emoção, acolhimento, carinho, nutrição, recepção. Ou seja, de acordo com a sua possibilidade, cada um assumirá a função que melhor se encaixar em suas características inatas, de acordo também com o que é inerente ao gênero de que faz parte.

Trata-se de uma visão que em muito assegura a construção de relacionamentos evolutivos e de engrandecimento mútuo, e que em hipótese alguma deve pressupor que a mulher não é ágil, corajosa ou agressiva; e muito menos que o homem não é um ser afetivo, carinhoso e acolhedor. Homens corajosos podem ser muito protetores, e mulheres carinhosas podem ser muito ativas e realizadoras. A questão é entender a natureza de cada um e respeitá-la, assegurando um ao outro o que precisa ser dado e recebido em troca, de maneira que ambos encontrem um jeito de se completarem como homem e mulher.

Nesse cenário, o relacionamento afetivo ideal é aquele em que a mulher transforma seu homem no melhor companheiro que ele pode ser para ela. E o homem a transforma na melhor mulher que ela pode ser para ele. Quando os dois estiverem juntos para valer, cultivarão essa atitude com compreensão e se estimularão mutuamente para que façam aflorar o melhor do outro: aí está a conquista de todo relacionamento bem-sucedido. O caminho é esse, basta termos o conhecimento e a sabedoria necessária para percorrê-lo.

3

NOVOS PARADIGMAS, NOVOS PARES

Se ainda há dúvidas sobre as mudanças que no mundo atual afetam os papéis sociais de homens e mulheres, basta um breve olhar ao redor, começando pelo mundo do trabalho. A primeira constatação é de que muitas ocupações e profissões já não são mais predeterminadas e preenchidas segundo o gênero da pessoa. Ao contrário de décadas atrás, quando o sexismo determinava também a função e a carreira que homens e mulheres deveriam desempenhar na sociedade, a cada dia interessa menos quem executa determinada tarefa ou ocupa certa posição, até porque as mulheres avançam sobre antigos redutos masculinos e muitos homens já não se inibem em dividir ou realizar tarefas que um dia foram taxadas de femininas.

Profissões bem improváveis no passado hoje são exercidas por mulheres, para citar alguns exemplos: motoristas profissionais de ônibus, táxi e caminhão; pilotos de avião e de carros de corrida; capitãs de navios mercantes; operadoras da bolsa e investidoras; dirigentes de tradicionais times de futebol, isso quando não estão em campo jogando, ou apresentando e comentando programas de rádio e TV. Muitas mulheres trabalham nas mais diferentes posições da construção civil, outras marcam presença à frente de associações, partidos políticos e órgãos públicos; e há ainda as que assumem a presidência de corporações multinacionais e as que se elegem presidentes de países, tornando-se inclusive líderes mundiais.

Já os homens, para ficar na comparação em vê-los em posições que antes eram inimagináveis, hoje estão mais interessados nas profissões que lhes dão mais satisfação do que sobrecargas em seu papel de provedor. Talvez por isso mesmo seja comum que eles convivam cada vez mais com mulheres em posições mais elevadas, subordinados e dirigidos por elas. Muitos ainda naturalmente estão escolhendo carreiras ou assumindo postos que eram destinados ou ocupados majoritariamente por mulheres, como a de educador infantil, consultor e vendedor de produtos de moda e beleza, assistente social, fisioterapeuta, organizador de eventos, empregado doméstico, entre outras.

Se os dois gêneros estão atualmente livres para contribuir profissionalmente com a sociedade do jeito que quiserem, a pergunta que surge daí é inevitável: e dentro de casa, será que lá também os ares dos novos tempos estariam soprando sobre os parceiros? Será que na vida particular de homens e mulheres, eles já estão igualmente desejosos e livres para dividir sem traumas as tarefas e assumir funções que não as que lhes foram destinadas por uma tradição secular? Em outras palavras, estarão mesmo compartilhando e trocando responsabilidades sem serem alvos de críticas e sem prejuízos para a própria autoestima e relacionamento?

De certa maneira, o que acontece fora de casa, mais especificamente no mundo das relações profissionais, já é sinal de que, no mundo privado, as regras da convivência pessoal também estão mudando. As alterações sociais costumam caminhar quase todas em sintonia, o que também não significa dizer que ocorrem de maneira uniformizada e generalizada, principalmente porque, como já dito, as mudanças comportamentais não são assimiladas de uma hora para outra, levam e exigem tempo. É nesse sentido que as atitudes anacrônicas, aquelas que destoam e se mostram inadequadas em relação às ideias e práticas da atualidade, podem se tornar as grandes vilãs dos relacionamentos.

INCLUSÃO MÚTUA

Para uma pessoa não se tornar vítima da própria resistência em mudar, lembrando que toda acomodação tem a ver com aquilo que se herda culturalmente, com aquilo a que se assiste dentro de casa ou se vivência nos relacionamentos anteriores, minha primeira recomendação seria a seguinte: é preciso antes de tudo ter respeito pelo outro e manter-se predisposto a mudar, mas também é fundamental estar consciente e alerta para as armadilhas que virão – e que serão muitas, boa parte delas velhas conhecidas principalmente das gerações que sentiram na pele mais fortemente essa transição. Alguns exemplos?

Vamos a eles. Uma vez acertadas as responsabilidades de cada um no relacionamento, é importante reconhecer e valorizar a contribuição do parceiro para a vida a dois ou familiar, não importando o tipo de participação ou o valor do aporte. É essencial tornar o outro parceiro parte importante dessa construção a dois. Essa é a base da inclusão mútua, sempre e quando também tudo for combinado antes. O contraponto dessa postura, a exclusão de quem é o outro, está nas desgastantes cenas em que maridos diminuem as mulheres por não trabalharem ou por ganharem pouco, ou ainda, na mesma linha, no caso das mulheres que, em pleno processo de conquistas e independência financeira, agridem com atitudes e palavras maridos nem tão dinâmicos quanto elas. Perceber o limite do outro e tornar-se cúmplice dele – jamais o seu algoz – ao final faz com que os casais se aproximem, criem novos códigos de relacionamento, unam forças, afastando a danosa competição em que cada um busca provar que é melhor do que o outro, ou que a culpa é justamente do outro. Ele ou ela são o que podem ser.

Manter permanentemente aberto o canal do diálogo, procurando expor o que possa vir a incomodar na relação e no jeito do parceiro, de maneira a evitar que eventuais mal-entendidos cresçam para além da conta, é outra recomendação importante. Entre os efeitos nocivos de se agir de modo contrário, podemos citar o acúmulo de insatisfação do casal, o que pode culminar com uma explosão que coloque tudo a perder. Sentir-se ignorado, usado ou explorado pelo parceiro – e não colocar esse sentimento a limpo, quando ainda há tempo de revertê-lo, é sinal de imaturidade e alerta para riscos mortais. Mas claro que, se acontece um diálogo, tudo deve ocorrer dentro da capacidade que o vínculo entre eles suporta, de maneira que aguentem a sinceridade um do outro.

Quando não existe nem diálogo nem maturidade para se tentar conversar, o que não faltam são desencontros. Um exemplo é o dos homens que se sentem confundidos diante de mulheres também confusas, ainda que pautadas na revoada feminista que lhes possibilitou crescer, ter autonomia e ir e vir segundo a própria vontade. Mulheres felizes com suas conquistas, por outro lado, em pouco tempo e até como consequência da liberdade experimentada, descobriram que, embora não quisessem ser orientadas, comandadas, solicitadas e dependentes, no fundo, em sua essência, muitas querem, sim, ser protegidas como donzelas e dignas de preferências apenas por serem mulheres. Afinal, para isso foram preparadas.

E é daí, desse tipo de situação bastante contraditória, que desponta a mencionada sobreposição de conflitos, algo que pode poupar sofrimentos quando homens e mulheres forem mais sinceros e até mais tolerantes para com os sentimentos alheios. O que falta nesse momento é o entendimento de que há ainda uma transição social em andamento; por isso, é preciso que os parceiros expressem um para o outro aquilo que sentem, praticando e adquirindo atitudes maduras nas relações.

NEM TUDO É COMPARTILHÁVEL

Para estar junto de outra pessoa, para se criar um relacionamento na sua real acepção, é preciso aprender a respeitar as diferenças. E entre homens e mulheres, o que existem são diferenças bastante significativas, razão por que se complementam. Além dessa particularidade, há ainda uma condição para a qual as pessoas muitas vezes não dão a devida importância, mas que está na base do sucesso de qualquer relação humana: o respeito pela individualidade, o universo interno que cada um possui e que é sempre dotado de sensações, percepções e lembranças próprias que não necessariamente precisam ser compartilhadas. Existe aí uma área exclusiva e indivisível, incomunicável, como as heranças recebidas de patrimônio anterior ao casamento.

Em um relacionamento, isso significa ter consciência de que todo parceiro possui uma história diferente para além da que se vive a dois. O passado de cada um pertence justamente a cada um – permanecendo presente, mesmo que não em evidência, porque faz parte do que cada pessoa se tornou. Não se pode, portanto, querer apagar o passado do outro. Não é à toa que a ideia de mudar o outro vai de encontro à impossibilidade de transformar o passado que esse outro viveu. A estabilidade de um relacionamento depende muito do acerto que os dois parceiros fazem para conviver em harmonia, e de maneira que existam aí dois tipos de crescimento: o do vínculo do casal e o outro, de cada parceiro individualmente.

Para evoluir bem, um relacionamento exige constante atenção e dedicação tanto do homem quanto da mulher. Esta disposição pode ser considerada um grande empenho para uma ligação mais saudável entre os dois. E esse empenho não precisa de atitudes mirabolantes, ele pode muito bem estar nas simples atitudes do dia a dia, algo que precisa ser tanto cultivado quanto valorizado. As pequenas surpresas que um parceiro faz ao outro, quebrando a rotina do casal, oferecendo algo que funcione como um antídoto para o tédio que ronda as relações depois de algum tempo são muito bem-vindas. Não ter tudo tão premeditado e programado é sempre um jeito de renovar a emoção do estar junto, de reconfirmar escolhas, é como reeditar o "eu te amo".

E de que maneira se mantém essa chama acesa? A criatividade dos casais com certeza vai longe, de acordo com os respectivos gostos e histórias – conjuntas e em separado. Recebo relatos da alegria que trazem os pequenos presentes ofertados sem motivo ou data especial; as escapadelas para cinemas, shows, teatros, jantares e até motéis, lembrando que para os casados esta opção tem um efeito surpreendente; passeios, pequenas e grandes viagens sempre são interessantes; e até mensagens enviadas por celular, e-mail, redes sociais e outros aplicativos. Não passa um dia em que algum dos meus pacientes deixe de me mostrar o que recebeu do seu amor. Importante é o parceiro se sentir especial e a surpresa aumentar um pouco mais a cumplicidade do casal. É bom lembrar que um simples telefonema também pode produzir esse grande efeito.

ANTÍDOTO PARA O TÉDIO

A surpresa é, na verdade, um dos melhores antídotos para o tédio, que, por sua vez, é uma sensação de alto risco para os relacionamentos: afinal, muita gente se desanima diante dele, imaginando-o como algo inevitável e intrínseco ao casamento. Pois eu digo que não é. O tédio, aliás, pode perfeitamente ser superado, basta a pessoa querer e manter os olhos abertos para três itens essenciais: para o empenho que todo relacionamento exige, para a necessidade de levar em conta a individualidade alheia, e para estar atenta ao fato de que tudo pode mudar de uma hora para outra, para melhor ou para o fracasso total.

Transformar palavras em imagens mentais é sempre um jeito de assimilar melhor o que lemos e ouvimos. Por essa razão, volto à lembrança da paisagem monótona, branca e gelada que me acompanhou por um longo trajeto durante recente viagem ao Arkansas, nos Estados Unidos, conforme a descrição que fiz na introdução deste livro. Lá, durante o inverno, quando tudo parecia exatamente igual, de um tédio profundo, do interior mesmo daquela paisagem pude vislumbrar, de repente, uma transformação sutil, latente, a do verde das copas das árvores que se faziam ver só de perto, mas que muito em breve encheria o lugar dos mais variados tons quando da mudança da estação. Pois assim devem ser os relacionamentos, mesmo quando atingidos pelo tédio: saber que há uma força latente capaz de mudá-lo, que pode existir um novo tempo para essa relação, desde que o homem e a mulher permitam renovar e inovar o vínculo entre eles.

GRANDE TRAVESSIA

Não estar disposto a mudar e ainda assim querer ter um bom relacionamento ou casamento é pretender reunir pressupostos incompatíveis. A natureza e a vida estão em constante movimento, as pessoas estão em movimento, o mundo está em movimento. E por que então os relacionamentos e os casamentos manter-se-iam estagnados? De homens e mulheres que alteram sua rotina de casais para evitar o tédio e refazer suas ofertas explícitas ou implícitas de amor, a homens e mulheres que mudam seus papéis sociais dentro do relacionamento, da família e da sociedade, para justamente fazer fluir os novos tempos – tudo e todos, de certa maneira, estão atentos para uma das grandes verdades da existência: a de que a vida é uma grande travessia.

Travessia é, aliás, uma metáfora que esteve e está presente em inúmeras formas de se cantar a vida, incluindo aí poemas, canções, filmes, filosofia e literatura. Para falar mais sobre a vida que flui no tempo, recorro a uma das mais conhecidas frases do filósofo Heráclito, que viveu na Grécia antiga, no século v a.C., e disse o seguinte: "Um homem nunca se banha duas vezes no mesmo rio". E ele tem razão: isso porque, vendo sob esse prisma, as águas desse rio nunca mais serão as mesmas. Afinal, tudo flui. De outro ponto de vista, porque podemos interpretar que também esse homem não será o mesmo. É interessante perceber quanta sabedoria cabe em uma frase tão simples e antiga.

Mas de volta aos relacionamentos entre homens e mulheres da contemporaneidade, bem diferentes da relação dos casais de 40 anos atrás, quando comecei a atender pacientes, é fato que muitos já incorporaram a sabedoria de que tudo flui e muda, até porque o mundo nunca mudou tanto em tão pouco tempo. E se um dia os casais mais maduros que fizeram a transição envolvendo os papéis sociais de homens e mulheres precisaram ser colocados à prova, justamente para que aprendessem a se tornar parceiros mais interessantes, hoje é notável como as situações-limite que tanto afetaram os relacionamentos de outrora – desrespeito, menosprezo, imposição e preconceito, causados em boa parte por machismos e feminismos – se aplicam bem menos às novíssimas gerações.

O CASO DOS MACHISTAS RETRÓGRADOS

Nascidos sob o signo da emancipação, as crianças e os adolescentes de hoje, em especial as jovens mulheres, não se imaginam aceitando desmandos de homens ou sendo tratadas como pessoas inferiores a quem é proibido isso e aquilo. Educadas lado a lado com os meninos, frequentando os mesmos espaços e tendo acesso a estudos e oportunidades semelhantes, sabendo-se ainda protegidas por leis mais efetivas, as jovens mulheres não aceitarão os comportamentos retrógrados do sexo oposto. Machistas já são vistos como verdadeiros trogloditas.

Tampouco haverá a necessidade tão premente de essas jovens mulheres precisarem se mostrar capazes, porque até a idade adulta isso será óbvio e fará parte do senso comum. Já os meninos, por sua vez, pelas mesmas razões, quando adultos dificilmente olharão as mulheres como seres limitados, inferiores, incapazes ou a quem poderão faltar com o respeito. Eles também estarão mais abertos a dialogar com elas, a expor seus sentimentos abertamente, a serem claros sobre o que querem, a não se enrolarem nem enrolar as parceiras; eles serão também bem mais presentes com relação à paternidade que é, aliás, uma das grandes conquistas dos novos tempos.

Mas enquanto essa juventude está se desenvolvendo, algumas gerações com relacionamentos amorosos estabelecidos ainda precisam se adaptar aos novos tempos e seus costumes. Podemos, como um primeiro teste para colocar isso à prova, verificar a existência ou não de resquícios de atitudes e reações anacrônicas ao pensarmos em uma mulher que, quando em busca de um parceiro, toma ela própria a iniciativa da paquera. Eis a pergunta que proponho a você, leitor ou leitora, se fazer: "Diante da liberdade que essa mulher demonstra ter, minha reação em questão revela preconceitos e ameaça a boa imagem dela, ou sou guiado(a) por atitudes condizentes com a contemporaneidade?".

Sugiro imaginar agora que a moça desse exemplo decidiu ser a pessoa que paquera e a agir por se incomodar com a prática de a mulher ser sempre escolhida pelo homem. Na verdade, ela se sentiu como se participasse de um leilão. Eis aí uma tomada de dianteira que é uma cena cada vez mais comum nos dias de hoje. Será que ela realmente é bem-aceita pela sociedade, em especial pelos homens? Cada caso é um caso, já que implica uma série de fatores. Em geral, porém, considerando as contradições por que ainda passa o novo homem, é importante saber que o fato de ele tomar a iniciativa do cortejo é um comportamento que mesmo hoje em dia é muito importante para sua masculinidade. A corte feminina, digamos assim, é permitida apenas se ocorrer dentro de parâmetros tidos pelos homens como um consentimento à abordagem dirigida por eles, já que muitos desaprovam a vulgarização e, principalmente, o que chamam de algo como uma investida desesperada, por causa de atitudes incisivas em demasia. A confusão entre liberdade e libertinagem com frequência atinge as mulheres mais extrovertidas, que podem ser muito mal-interpretadas pelos homens. Novamente aqui não é o receio dele diante da nova mulher que conta tanto, mas o de perder seu poder de dominação e estar à mercê dela. E este é um risco que persiste como um incômodo no âmago masculino.

CEDER É VALORIZAR

Diante dessa cena imaginária, embora bastante real na vida de homens e mulheres, como observado, vejo a oportunidade para que os dois gêneros aprendam a ceder. E ceder, nesse caso, é estar disposto a entender o outro lado – e sem prejulgamentos. Dessa maneira, por mais que a mulher se incomode com o que chama de "sensação de estar em um leilão", na hora da paquera é até cabível que ela tome a iniciativa, mas com o cuidado de preservar-se, o que por si só é o que mais encanta o homem. Já para eles, ao paquerar e tentar "pegar" uma mulher, como dizem, também seria recomendável que se esforçassem para se livrar da carga de valores machistas que herdaram e deixassem de julgar antecipadamente as mulheres, passando, sim, a admitir a liberdade conquistada por elas. Afinal, os próprios homens, quando vierem a se unir a alguém, precisarão de uma parceira com iniciativa para juntos tocar a vida, dentro daquele novo sonho que eles mesmos engendram.

Para mudar, portanto, não podemos estar em permanente disputa com o que é velho e ultrapassado, mas concentrar energia a fim de justamente abrir espaço para o que é novo e atualizado. Essa é a atitude que homens e mulheres da contemporaneidade estão assumindo, de olho na construção de novas relações de gêneros, as quais, é importante lembrar, servirão de espelho para as novas gerações. O caminho para a constante renovação dos relacionamentos exige o diálogo franco, honesto, carinhoso e respeitador dos limites de cada um. Não há, portanto, lugar para discussões em que um tenta impor o próprio ponto de vista ao parceiro. Procurar mostrar a ele do que gosta e não gosta na relação e estar pronto para ouvir a mesma coisa é o tipo de atitude que constrói o relacionamento dos novos tempos.

Cabe aqui relembrarmos essa sigla tão presente nas relações: a "DR", discussão de relacionamento. Como falei anteriormente, cada um se expor e ao mesmo tempo ouvir para poder entender o que se passa na mente do outro é primordial para o crescimento e aprofundamento do vínculo afetivo. Acontece que uma discussão sempre pressupõe oposição, confrontos, imposições, medidas de força e argumentações, que podem ser desmedidas. Por que então não a transformar em "CR", conversa sobre a relação? Com certeza essa mudança já propõe um caminho melhor para uma composição mútua.

Pensando justamente nas situações em que homens e mulheres têm reações e interesses bem diferentes, o que já seria motivo para gerar descontentamentos mútuos, conhecer algumas delas é um bom exercício para praticar a tolerância e a compreensão, de acordo com o que pede a contemporaneidade. É por essa razão que abordo a seguir algumas dessas cenas, as quais podem vir a ser úteis para casais nesses momentos.

JEITO DE HOMEM, JEITO DE MULHER

Começo pensando no ritual da cerimônia de casamento, aquele evento que costuma ser acompanhado dos dizeres "eu te amarei até o fim da vida" e marca justamente o início da busca pela felicidade do casal, a qual precisará ser construída e reconstruída na convivência, não se tornando eterna apenas pelo compromisso ali assumido. O que interessa saber aqui é que os homens, em geral, não se importam tanto quanto as mulheres com os rituais dessa cerimônia. Para eles, a vida emotiva é vivenciada de uma maneira mais intimista, até introvertida, pouco importa o evento em si. As mulheres é que nele se realizam mais, porque alimentam sonhos tradicionais, estimulados desde a infância e que boa parte da sociedade ainda preza. Muitos homens até apreciarão a cerimônia, porém mais com a intenção de dar uma satisfação à sociedade ou ter a chance de reunir os amigos para uma festa. A maioria deles participa porque está preocupada em atender ao sonho da parceira. Muitas vezes, seus pensamentos estarão ligados em como poderão manter a relação depois da cerimônia em questão, no dia a dia propriamente dito.

Sobre essa postura masculina mais comedida, é preciso ressaltar também que os homens não têm tanta necessidade de ouvir "eu te amo" com a mesma frequência que as mulheres. Elas parecem precisar dessas palavras para encontrar um rumo, para direcionar seus sentimentos, funcionando como um guia e confirmação de aprovação da qual são dependentes. O homem decididamente não utiliza esse GPS. O guia dele é mais prático. Se ele tiver que repetir essas três palavras muitas vezes, vai se sentir falso e objeto de cobrança. É contraproducente insistir nisso. Ele pensa e faz. Ela vivencia o sentimento.

Já uma atitude que não respeita a individualidade e tem tudo a ver com os novos tempos é a obsessão de alguns parceiros em pedir a seu par que bloqueie os respectivos "ex" nas redes sociais. A intenção das mulheres que assim procedem é fazer com que os homens esqueçam de vez o que viveram. Não entendem que ao deixar de ver algo ou alguém com frequência acabam mesmo por deixá-lo quieto no passado, o que é muito comum no universo masculino. Só que apagar o passado dele é bem diferente, aliás, impossível, por isso, nesse caso, antes de ser abusiva, é melhor deixar fluir até o momento em que eles próprios não procurarão saber mais nada da "ex". Com relação às mulheres, pouco adianta apagar os contatos delas, já que, para recordar de algo ou alguém, elas não precisam de registros escritos e visuais. O que foi bom, para as mulheres, está gravado em sua memória afetiva. De qualquer maneira, o gesto de pedir o bloqueio dos "ex" pode ser considerado uma imposição e dar margem a brigas e cobranças. É preciso refletir mais sobre o melhor caminho com sinceridade, honestidade, diálogo e, acima de tudo, respeito pelo silêncio do outro.

E quanto a ousar na cama? Como no caso da mulher que toma a iniciativa da paquera, também aqui é bom ter em mente que o homem ainda apresenta limitações bastante vivas em sua individualidade e intimidade. Se a mulher for muito ousada, ele realmente pode se encher de inseguranças, indagando-se com relação ao passado dela. Onde ela aprendeu isso? – será a pergunta mais comum, o que o deixará confuso e desconfiado quanto a aprovação dessa atitude. E o homem aprecia muito se manter seguro e único. Por isso, pode ser um risco para a mulher ousar demais com seu parceiro, principalmente se for um relacionamento sem muito diálogo. Se é essa a característica da relação, é bom saber o terreno em que se pisa. Já do outro lado da moeda, a mulher tende a implicar menos com um eventual passado pregresso do parceiro. Ainda assim, quando houver cumplicidade, maturidade e segurança amorosa, sobrarão pouco tempo e espaço para implicâncias e obsessões.

Citar essas breves diferenças da essência de homens e mulheres, colocando-as em situações práticas do dia a dia, é um jeito de mostrar como os relacionamentos são complexos, como exigem tempo e atenção constante dos dois lados para que sejam construídos com pilares de sustentação – e bem distantes das armadilhas da imposição e da desconsideração, que deixam muita gente suscetível aos acidentes e desastres da relação. Por outro lado, se existe um campo em que grandes transformações dos papéis sociais de homens e mulheres estão sendo mais bem-assimiladas na contemporaneidade é o da relação com os filhos.

O NOVO JEITO DE SER PAI

No passado, era muito comum a mãe monopolizar os filhos, criando-os como se fossem dela, até incutindo neles o medo do pai. É só nos lembrarmos da frase "espere até seu pai chegar do trabalho", algo que soava como uma ameaça. Hoje as mães são orientadas a estimular o contato da criança com o pai, servindo de ponte para essa relação, principalmente porque as crianças precisam dos modelos masculino e feminino para crescer completas. Filhos que só se reportam à mãe podem ficar sem o contato com a energia masculina e sem o ponto de referência do homem. Da mesma forma, filhos com pais onipotentes e autoritários que competem a mãe pela posse dos filhos, tornam-se dependentes e culpados pela infelicidade que causam à mãe.

O número de pais que ficam em casa para cuidar dos filhos ainda é pequeno. Não tenho visto resistência por parte de nenhum dos dois gêneros para essa mudança, até porque as mulheres hoje trabalham fora e compartilham cada vez mais com os pais de seus filhos a educação das crianças. Em todo caso, há sempre o risco de que algumas mães se sintam preteridas pelos filhos e superadas pelos maridos, ficando sem norte e ciumentas, além da vergonha da mulher de se ver nessa situação. Mas essa é mais uma das armadilhas do percurso dos novos papéis, que merece ser conhecida e autoquestionada.

Da parte dos pais, no entanto, é admirável como o homem hoje rapidamente incorporou a paternidade. Mas antes de falar dessa transformação, enfoco o período de gravidez, porque também nessa etapa da vida do casal ele passou a respeitar mais e a entender as necessidades emocionais da mulher. Hoje eles participam desse momento demonstrando interesse pelos sinais e sintomas físicos que a mulher apresenta, revelam cumplicidade com as transformações por que ela passa e oferecem maior segurança para que ela se sinta aceita. É um contraste acentuado com o que se via antes, quando os homens que seriam pais de primeira viagem se viam ansiosos diante do iminente papel de provedor familiar. Inseguros diante da necessidade de garantir a estabilidade financeira familiar, eles se mostravam irritadiços e até distantes. Outros, apesar da alegria da fertilidade, viam no filho ou na filha um rival em potencial, sentindo-se até mesmo excluídos.

Pensando bem, é compreensível que tenham tido essa sensação, bastante comum, porque a chegada de um filho faz uma relação a dois passar a ser uma relação a três. A verdade é que daí surgem três relações que precisam mesmo ser trabalhadas: a do pai/filho, a da mãe/filho e a da mãe/pai. E digo trabalhadas porque é muito importante que a relação homem/mulher seja preservada. O filho não pode representar a quebra desse vínculo, porque um dia pode vir a ser responsabilizado por isso. Ainda assim, mesmo na atualidade, tenho presenciado em certos casamentos muitas reclamações de pais que se veem preteridos e objetos de desconsideração nessa fase. Por essa razão, é preciso estar atento, de antemão, à educação do filho para preservar o espaço do casal, seus momentos a sós – o que em geral, com exceções, tem dado certo.

Quanto ao papel dos homens com relação à paternidade em si, não tenho dúvidas de que hoje eles estão realmente mais afetivos, comprometidos e interessados no que diz respeito ao que ocorre dentro de casa e principalmente com os filhos. Hoje eles conversam mais, querem conhecer e saber quem são os amigos dos filhos, participam de suas escolhas, levam e buscam onde é preciso, são realmente mais companheiros. E quando os filhos são ainda pequenos, eles tampouco se inibem, já que não são poucas as vezes em que vemos pais carregando seus bebês pela cidade, e sem babás.

Ainda que a presença e o contato físico entre pais e filhos sejam indispensáveis em algumas situações, principalmente com os adolescentes, quando há distância geográfica envolvida, pais participativos estão recorrendo às novas tecnologias, usando celulares, seus diferentes aplicativos e as redes sociais, para saber das experiências vividas pelos filhos, mostrando-se presentes do jeito que for.

A consciência da paternidade no homem atual se destaca justamente mais com relação à preocupação com o lado emotivo dos filhos do que com as necessidades econômicas deles, o que não significa que não prestem atenção à segurança que podem lhes oferecer do ponto de vista econômico. A questão é que houve um grande salto com relação à parte emocional. As causas são inúmeras, podendo ser citada, por exemplo, a contribuição da mulher na manutenção das despesas, o que abriu caminho para os homens assumirem essa outra responsabilidade. Há ainda o fato de o novo homem estar mais liberado afetivamente. Mas pesam também – daí o desejo de que não ocorram – os problemas já bastante alardeados por psicólogos, terapeutas e educadores, que advêm do fato de se crescer com um pai ausente, sobretudo nos anos de formação: trata-se de uma condição capaz de causar sérias dificuldades para o futuro dessas crianças, que terão dificuldades elas próprias de um dia se relacionar com os respectivos cônjuges, mas principalmente com os futuros filhos.

Vale aqui uma última observação sobre um contato especial da atualidade, que é a dos pais com suas filhas. A maioria deles espera muito do afeto delas e tende a repetir mais exatamente as colocações que elas fazem do que a dos filhos homens. Eles participam do mundo delas, inteirando-se como veem e vivem a realidade feminina, aprendendo muito com elas. Como prova das conquistas que vimos nesse passeio pelas novas relações e pelos novos papéis de homens e mulheres, é, portanto, muito significativo ver a ascendência que as filhas têm hoje sobre seus pais, ainda mais se pensarmos que não faz muito tempo cabia à mulher – fosse esposa, fosse filha – apenas o dever de obedecer.

Tudo isso confirma que os novos paradigmas da sociedade interferem profundamente na estrutura das relações entre homens e mulheres. Os genitores hoje, como pai e mãe, tomam responsabilidades complementares e evidenciam o que atualmente recheia os pares que se formam, visando constituir o grupo familiar. Quando um elemento do grupo se movimenta, novas configurações se estabelecem, tudo muda nas relações entre homens e mulheres.

4

TODO AMOR É VIRTUAL

Nestes tempos de novas e revolucionárias tecnologias, em que pessoas do mundo inteiro estão conectadas simultaneamente em rede e tempo real por meio da convergência de computadores, laptops, tablets, telefones, celulares, equipamentos eletrônicos variados e as mais inovadoras mídias digitais, era previsível que, com todos os tipos de trocas que daí surgiram – de negócios a relacionamentos amorosos –, passada a euforia inicial, seus usuários logo se encheriam de dúvidas sobre as novas etiquetas de comportamento nesse ambiente. Uma das dúvidas mais frequentes tem sido justamente a que questiona a transposição de relações estabelecidas no mundo virtual para o mundo real, sobretudo quando há o interesse em namorar e até mesmo casar.

Sobre esse aspecto, as perguntas mais frequentes que recebo dos seguidores do meu site (www.luizcuschnir.com.br), e também de pacientes de meus consultórios, vão das fotos que devem colocar em seus respectivos perfis nas redes sociais, a intensidade e o conteúdo das mensagens trocadas, até o questionamento a respeito do fato de um namoro virtual poder efetivamente evoluir para um amor real significativo. Considerando que hoje são vários os casais felizes que se conheceram dessa maneira, que se casaram de papel passado e constituíram família, muitos deles com parceiros de diferentes nacionalidades e antes separados por milhares de quilômetros, não seria pertinente insistir na afirmação de que toda relação virtual tem muito mais de fantasia do que de realidade. Mas a verdade é que há um ponto de verdade nessa afirmação, já que são bem significativas as chances de que essas relações não deem certo a longo prazo, sem falar nos riscos que muitas vezes acompanham esses encontros.

Quando uma relação que se inicia virtualmente dá certo na vida real, e não apenas por pouco tempo, como é mais comum, geralmente é porque os parceiros transmitiram uma boa imagem de si mesmos, não se enganaram mutuamente e, principalmente, souberam construir laços concretos e positivos a partir do momento em que se conheceram de verdade. Aliás, você já percebeu que o termo relação tem a ver com "re-lação", isto é, outro enlaçamento? Do verbo enlaçar, algo que quer se manter junto, aproximar, mas não dar um nó. A qualidade desses laços, ou novos laços, geralmente determina a extensão da união, lembrando ainda que, mesmo assim, manter a individualidade de cada um preservada também é fator condicionante desse sucesso.

Do conhecimento de que disponho sobre os relacionamentos entre homens e mulheres, posso garantir que o sucesso das relações reais depende muito de um arranjo harmonioso, ou, em outras palavras, das qualidades da motivação e do comprometimento dos dois para sua composição, como uma música que não fere os ouvidos, mas emite uma mensagem inspiradora e é adequadamente recebida por quem a escuta. Logo, por mais que os contatos virtuais tenham sido intensos, como também os primeiros contatos reais, uma vida a dois ao vivo e ao alcance das mãos é bem diferente: ela envolve, além das sensações táteis, as auditivas, olfativas, gustativas (beijar, por exemplo) e visuais; envolve humor, tonalidade de voz, manias, atitudes etc. E conviver com as diferenças é um desafio.

Para se ter ideia do impacto que o desmantelamento dessas fantasias amorosas pode causar para homens e mulheres é só pensar no que já acontece no mundo real. Os namorados não virtuais, de carne e osso, muitas vezes acabam por se frustrar e se estranhar quando decidem casar ou apenas viver juntos, principalmente por causa das diferenças antes ignoradas ou desconhecidas. É possível então imaginar o impacto de juntar as escovas de dente quando o outro é um completo estranho, ou, melhor dizendo, quando é apenas um conhecido com muito tempo de contato digital e poucas horas presenciais. E aqui vale destacar o quanto de idealização se multiplica no mundo da internet e, em especial, nas redes sociais: ali, tanto os homens quanto as mulheres selecionam o que querem mostrar, falar, escrever, curtir e compartilhar, o que necessariamente não coincide com seus atributos reais. É como se moldassem personagens de si próprios, dependendo de quem querem impressionar ou atrair, ou, ainda, com quais imagens querem ser lembrados e associados. Ali cada um tem o controle absoluto e consciente da imagem que quer passar.

O conceito de imagem que emprego aqui não se aplica apenas às fotos postadas, mas ao conjunto de percepções expostas com a intenção de estimular uma determinada reação em quem as vê. Quanto a isso, considero também as palavras, porque elas decididamente estimulam imagens mentais. Em todo caso, é fato que já recebi e-mails perguntando-me que tipo de foto fica melhor em tal perfil, principalmente quando o objetivo é atrair um parceiro para um possível relacionamento real. Nesse caso e em outros semelhantes, eu digo quase sempre a mesma coisa: depende da intenção que cada um tem. O rosto mostra mais claramente uma informação estética e emocional e o corpo mostra mais o estilo de vida. Aquilo que cada um decidir mostrar vai indicar o que essa pessoa quer valorizar de si. E, na sequência, vai demonstrar também como é o percurso pensado pelo outro, a partir do momento em que ele recebe e interpreta essa imagem, aceitando-a, interessando-se ou não.

Nesse sentido, fotos com sorrisos abertos geralmente sugerem receptividade, embora também possam indicar presunção. Já as fotos em poses indiscretas podem sugerir sexo fácil e ser um caminho oposto ao do relacionamento desejado. Dependendo da foto, porém, para outros pode indicar apenas feminilidade. Esse é um mundo em que tudo é muito relativo. Não estou emitindo aqui nenhum juízo de valor, apenas indicando e mostrando como certas mensagens podem ser decodificadas adequada ou erroneamente nesse amplo universo digital. A dica é cada um ter claro para si o que quer e, principalmente, agir de acordo com seus valores e ética pessoais. É válido, porém, o exercício de descrever o próprio perfil nas redes sociais, principalmente para quem tem dificuldade de se expressar quando o assunto é o próprio "eu" – ainda mais quando escreve para os outros. Essa minha observação tem a ver com uma dificuldade que recorrentemente identifiquei nos meus trabalhos, quando ouvi muita queixa de pacientes que, com baixa autoestima e inseguros, diziam não saber como se apresentar ao vivo para um parceiro. Daí a validade desse exercício prévio, ainda que primeiramente virtual.

A palavra e a foto, uma comunicação gráfica e outra visual, portanto, compõem a primeira entrega ao outro. Para quem as envia, palavra e foto estão ajudando a criar os parâmetros de quem essa pessoa imagina que é, mas também quem ela imagina que seja o outro, o destinatário dela. Por outro lado, o que esse destinatário vai captar é sempre uma dúvida, podendo até ter recepções equivocadas. Como o contato não é direto, apesar das imagens ao vivo e interativas, a ausência do fator presencial faz toda a diferença com relação ao convívio e à viabilidade dessa companhia que um pode vir a fazer ao outro algum dia. Não é incomum que no encontro face a face, quando este realmente ocorre, exista um momento em que ambos se surpreendem, até de maneira negativa e nefasta.

FANTASIAS A MIL

No mundo das relações virtuais, é preciso estar consciente, portanto, de que elas engendram a possibilidade de as pessoas criarem fantasias sobre si mesmas e assim passar adiante imagens idealizadas e não do que realmente são. Isso lembra muito as situações vividas por nós, terapeutas, no contato com os pacientes, já que em nossa atuação profissional procuramos justamente propiciar a eles ter uma melhor noção de quem são, não importa que seja uma noção positiva ou uma repleta de falhas. Cabe a nós, portanto, indicar onde estão os pontos cegos dessa autopercepção e, assim, desmistificar o que os pacientes pensam de si, sobretudo quando essa ideia não corresponde ao que são na vida real.

Nosso trabalho contribui para que eles vejam o que está por trás de crenças sem fundamento a respeito de si próprios. Protegido atrás do computador, no mundo virtual, no entanto, é potencialmente mais fácil fantasiar sobre quem se é ou se acredita ser, muito mais do que quando face a face, olhos nos olhos. A criação virtual amplifica a fantasia que já existe naturalmente; digamos que as fantasias nesse ambiente correm a mil por hora. Além disso, contribui sensivelmente para esse jogo a pessoa saber que o outro está desenvolvendo grande expectativa a respeito dela, o que lhe dá ainda mais poder para manipulá-la.

Quando eu afirmo que, afinal, todo amor é virtual, estou na verdade querendo chamar a atenção para essa relação que o amor mantém com a fantasia. O exemplo da internet serve apenas para demonstrar como é possível multiplicar essa força que já existe naturalmente, porque as pessoas fantasiam, sim, e muito, na vida real. Mas se alguém ainda tem dúvidas sobre isso, então que levante a mão quem nunca idealizou um parceiro. A busca de um grande amor, de um parceiro perfeito, pulula no imaginário, principalmente em certas fases da vida. Idealizar muito o homem ou a mulher com quem se quer viver um grande amor já é por si um hábito comum – apesar de arriscado, independentemente do circuito em que ele ocorre.

No caso da paixão, que é mais fulminante do que o amor, então nem se fala. Quando uma pessoa está apaixonada, ela cria uma moldura que condensa todos os atributos positivos do outro, pintando-o com cores vivas e agradáveis, compondo um quadro extremamente cativante. E aí, fica sempre em segundo plano, ou melhor, fora da moldura, o que não vale a pena, mas que sabemos que pode vir a incomodar mais tarde. A adrenalina dos apaixonados vive à mercê de seus sentimentos e da sua inspiração.

Idealizadores e sonhadores são pessoas naturalmente mais suscetíveis e influenciáveis, é comum ampliarem seus padrões de aceitabilidade. Pior para eles se encontrarem um parceiro também fantasioso. E se o cenário for o mundo virtual, onde tudo é ainda mais exagerado – e arriscado –, quando do outro lado da linha estiver quem apresenta o que chamamos de "falso self", é hora de acionar o alarme. Quando deliberadamente não for um golpista, é preciso saber que um adepto ou adepta do "falso eu" acredita tanto nas próprias fantasias e histórias criadas sobre seu passado e presente, que ele ou ela as vivem como se fossem verdade, sem discriminar o que existe e o que foi inventado. Com essa hipérbole de ações e reações, não há mesmo como uma relação que nasce daí resistir ao choque de realidade que fatalmente virá quando o contato acontecer. Pior ainda, quando compromissos são estabelecidos, até casamentos compromissados, e tudo sai do "falso real" para "vamos ver como é mesmo" já é tarde demais. É por isso que uma hora príncipes viram sapos; e carruagens, abóboras.

VIDA REAL *VERSUS* PARCEIRO IDEALIZADO

Uma das queixas que mais ouço atualmente vem das mulheres, que dizem não existir hoje parceiros à altura de suas necessidades, que elas se sentem confundidas em relação a seus sonhos. Diante dessas observações, sempre respondo que é bem arriscado querer construir um relacionamento baseado em um sonho, pois de súbito pode-se acordar ou ver-se mergulhada em um pesadelo. Já pensou se aquele homem idealizado de repente não se tornar o provedor, atleta sexual ou o herói que esperavam? Utilizo-me desse exemplo por causa de uma interessante pesquisa feita recentemente por um site de relacionamento dos Estados Unidos, com mulheres de Nova York. Perguntaram que tipo de homem elas consideravam mais sexy para um relacionamento, e o resultado recaiu em duas figuras bastante díspares: um executivo de sucesso e um bombeiro.

Independentemente de ser um resultado universal, o que depreendo daí é que, mesmo vivendo na cidade mais cosmopolita e moderna do mundo, mesmo sendo as mulheres bem-sucedidas como são, fica claro o que elas querem: ser salvas por seus parceiros, o que as faz projetar, na aparente imagem ou atividade deles, mesmo sexual, a segurança e a estabilidade que desejam. Nesse sentido, é comum ver a mulher fantasiar um parceiro com tais e tais qualidades, ao ponto que, de verdade, vão existir poucos. E o mesmo acontece do outro lado.

Quando os homens idealizam suas parceiras, a imagem estética confunde-se com o potencial afetivo e até sexual. Eles podem escolher mulheres com grande desenvoltura do ponto de vista social ou até econômico, mas no fundo são capazes de esconder, justamente, uma dependência desejada que muitos cultivam. E assim se vão tantos enganos, pois apegados ao que cada um considera ideal, de repente, na vida real, eles podem se deparar com atitudes, cenas, gestos e opiniões que não estavam nesse script, levando-os a se decepcionar seriamente. É comum na sequência – e aqui vale tanto para homens quanto para mulheres –, que depois de decepções como essa se amplie em demasia os aspectos negativos dessa pessoa em avaliação, novamente em detrimento de um olhar compatível com a realidade.

Agem como se um pequeno desajuste em relação às suas necessidades se transformasse em uma imensa incompatibilidade. É o efeito contrário ao efeito da fase da paixão. Queixas então brotam da decepção de não encontrarem o que haviam construído mentalmente, muito semelhante ao que se faz com a idealização virtual.

E já que falamos aqui de amor e fantasia, comparando o mundo real ao mundo virtual, reitero que a garantia do que imaginamos e do que realmente pode acontecer em um relacionamento real é praticamente nenhuma. Mas essa incerteza não é uma exclusividade do campo da imaginação. Faço aqui um parêntese para mencionar outro tipo de fantasia que envolve as relações humanas e que é bastante comum na atualidade: a crença de que testes objetivos e análises que "escaneiam" pessoas possam prever como elas reagirão em determinadas situações.

Esses recursos geralmente são usados para avaliar candidatos a vagas de emprego nas empresas, a fim de traçar "perfis determinantes de condutas baseadas na performance profissional". Para isso, utilizam tabelas pré-moldadas, pontuando aspectos, fazendo diagnósticos, os quais, afinal, só reduzem a possibilidade de realmente se conhecer a pessoa em questão. E o pior é que depois ainda ousam oferecer os dados colhidos profissionalmente como descrições de personalidade e de caráter, quando estes são apenas um mecanismo para determinar promoções, bônus ou demissões. Jamais se pode realmente conhecer uma pessoa dessa maneira, assim como não é possível conhecê-la por meio da fantasia amorosa. Embora opostos, são dois tipos de suposições baseadas em avaliações que envolvem as relações humanas. Achei interessante compará-las aqui, embora ainda volte ao assunto mais adiante, visando uma melhor percepção da complexidade do universo das relações humanas, no qual apenas o tempo e a convivência ajudam a entender melhor quem são as pessoas.

De volta aos relacionamentos entre homens e mulheres, e ao mundo da paixão e do amor, eu chamaria ainda a atenção para a importância de se ter claro o que cada pessoa entende por paixão e amor. Faço essa colocação porque em algumas situações, em vez de amor, talvez fosse mais apropriado falar em amor por si próprio, em amor egoísta. É comum isso acontecer com pessoas que buscam espelhos de si ou de quem acham que são, bloqueando uma eventual predisposição para conviver com quem é diferente. O resultado disso está nos desencontros que pipocam na atualidade. A contribuir com esse cenário, encontra-se ainda o medo que muita gente tem de repetir erros do passado, o que faz com que esses indivíduos sejam ressabiados e reajam como "gatos escaldados".

ENCONTROS A UM TOQUE OU CLIQUE

Buscar um parceiro para viver um grande amor é um desejo inerente a quase todo ser humano, ou ao menos aos que creem na possibilidade de encontrar a sua cara-metade. É digno e louvável. O que acontece hoje, porém, é que existe um cenário que a cada dia, em boa parte por causa da velocidade das novas tecnologias e de seus aplicativos, vem bagunçando a ordem natural das coisas. Tudo está muito acelerado e as etapas, quando não invertidas, com certeza estão mais curtas. Há muita rapidez nos encontros, namoros, casamentos e até nos descasamentos.

E essa rapidez é tanta que hoje se chega a dizer que os encontros estão a um toque ou clique da mão.

Essa constatação encontra suporte de recente pesquisa aplicada por uma empresa britânica, que analisou o uso de aplicativos de última geração; por meio destes, pessoas próximas recebem sinais em seus celulares ou redes sociais de que há por ali um parceiro interessado nelas. A primeira escolha é feita por uma foto enviada e aceita. E o resultado desse tipo de "paquera" pode levar muito mais a um encontro sexual do que a relacionamentos. Se for o que se quer e pretende, ok. Mas se o objetivo das pessoas envolvidas é o de um relacionamento, algo mais duradouro, o resultado pode ser desastroso. E aqui relembro questões já abordadas anteriormente sobre o lado conservador do homem, que pode atingir as mulheres: uma parceira que se entrega ao sexo facilmente irá enchê-lo de dúvidas, comprometendo qualquer relação futura.

Por outro lado, tenho que compartilhar que acompanhei várias pacientes que, depois de buscas e de um grande empenho para ter a chance de conhecer "alguém legal", finalmente conseguiram dessa maneira. Algumas desenvolveram relacionamentos meteóricos, mas outras, relações bem interessantes. Construíram uma ponte para se realizarem, constituindo um vínculo sólido e profundo. Então, não se pode ignorar que isso realmente é capaz de acontecer, principalmente porque há homens que não conseguem nem gostam de se expor em lugares públicos, encontrando nessa via digital um caminho para iniciar um contato.

Em todo caso, os seguintes dados da mesma pesquisa britânica levam ao que pensar sobre a revolução que as novas tecnologias vêm causando no dia a dia de homens e mulheres, sobretudo quando o assunto é relacionamento: enquanto em certas redes sociais são necessárias, em média, 70 mensagens e 30 telefonemas para um encontro real acontecer, nos aplicativos mais recentes é questão de um único toque e de segundos, desde que os parceiros em potencial estejam próximos geograficamente. Eu até diria que, em certos casos, tudo bem pular as etapas de um futuro relacionamento, mas uma pessoa estar aberta e disposta a conhecer outra sem nenhuma resistência pode ser preocupante. Aliás, quando me refiro a estar receptivo a esse caminho, na verdade estou pensando mais nas pessoas introvertidas, desconfiadas ou desiludidas, cheias de preconceitos de que isso e aquilo não valem a pena, de que não existem motivos para se envolverem etc. Portanto, costumo estimular essas pessoas pouco receptivas para que ao menos experimentem uma abertura, como possibilidade de ter uma companhia ou amizade, já que, do contrário, podem se afastar efetivamente da possibilidade de encontrar alguém. Seja do jeito que for, porém, quando a meta é um relacionamento, não vale nem oito, nem oitenta. Os excessos são sempre prejudiciais.

VILÕES DOS RELACIONAMENTOS

Até mesmo a paixão, quando ocorre, precisa de limites: nada, portanto, de perder a cabeça em nome dela, porque é o mesmo que perder a si mesmo, extraviar-se da própria identidade. Para ajudar pacientes, internautas e leitores que me procuram querendo saber mais sobre esse assunto, costumo apontar algumas situações e atitudes que são verdadeiras vilãs dos relacionamentos. Entre muitas, cito as seguintes: ansiedade, excesso de expectativa, solidão/carência, excesso de exigências para consigo mesmo e falta de autocrítica.

A ansiedade é desastrosa porque leva os parceiros a não se relacionar como é devido, ou seja, profundamente, já que, de olho em uma suposta meta final, eles deixam de viver e desfrutar o presente. Isso propicia comportamentos que podem ser vistos com distorção e até motivo de afastamento do outro. O excesso de expectativas, por sua vez, acaba com toda a espontaneidade e reduz tudo a tentativas de controle, dando margem a uma tensão perigosa para a relação.

Um assédio com aproximação desvairada é tão pernicioso quanto a antecipação de um final esperado: ambas as iniciativas atropelam o tempo e impedem a fluidez de um encontro adequado. Para diminuir as expectativas, brinco dizendo que a pessoa deve ir ao encontro como se estivesse indo a uma entrevista, só para saber quem é o outro, sem precisar sair de lá compromissada.

Quanto à solidão/carência, o risco é a entrega indiscriminada e sem limites, tudo motivado pela desvalorização de si mesmo, o que justamente impede a pessoa de se respeitar. E sem respeito próprio, não há respeito pelo outro e tampouco uma acurada observação de quem é ele. Ser muito rígido para consigo mesmo, afinal, é muito ruim porque leva a cobranças sem fim, o que cria obstáculos que impedem a aproximação do outro, provocando entraves à autêntica felicidade. Agindo dessa maneira, aquele que é carente encontra o cativeiro do sequestrador que cria para si mesmo. Aliás, ainda dentro dessa perspectiva, que revela o comportamento de quem não está bem consigo mesmo, são comuns os casos em que se deposita muita expectativa de que o outro tenha a mesma dedicação em relação ao relacionamento, como se fosse uma questão de competir quem dá mais ou menos para a relação. "Eu me doo tanto, como ele ou ela é tão egoísta?": essa é uma pergunta que costumo ouvir muito em meu consultório.

Do lado oposto, por fim, eu diria que quem não tem autocrítica acaba atribuindo aos outros a culpa por tudo, terminando refém da própria desconfiança e, mesmo quando vislumbra um possível relacionamento, sente-se ameaçado por ele. Pode nem perceber, mas assim cria condições para inviabilizar a chance de vir a conhecer mais profundamente a pessoa com quem se relaciona. Nos primeiros momentos, até nos primeiros meses e anos de um relacionamento, revelar ao outro os cantos mais escondidos de si mesmo é sempre feito à meia-luz. Leva-se muito tempo para que os parceiros estabeleçam a confiança mais plena para um deles abrir as próprias fragilidades para o outro. Exige-se tempo para se construir uma ponte segura para um vínculo amoroso.

Até aqui, neste capítulo, procurei mostrar quais são algumas das principais armadilhas para os relacionamentos, além de destacar que relações plenas entre homens e mulheres não ocorrem de uma hora para outra, não são, portanto, instantâneas como querem crer principalmente os usuários dos artefatos modernos. Relacionamento é sempre construção. E não apenas da relação em si, mas de cada um dos parceiros em relação ao outro e ao convívio mais constante: leva tempo, exige dedicação e atenção, pede predisposição, abertura e real interesse pelo outro. Na sequência, vamos analisar algumas dessas etapas.

"FICAR" OU NAMORAR?

Partindo da ideia de que o homem e a mulher já se conheceram e terão a primeira oportunidade de um contato mais íntimo, logo vem uma dúvida que mais parece cobrança do que algo espontâneo: afinal, na cama, deve-se ser mais ou menos ousado, é preciso mostrar logo tudo que se sabe já nas primeiras relações? Deixando de lado a insegurança da performance, algo que aparece com frequência quando baseada em frustrações e fracassos anteriores, a verdade é que nada pode ser garantido, por mais preparado que ele ou ela esteja. Mas podemos pensar, como tudo na vida, e ainda mais em uma situação íntima como essa, que a adequação deve ser a melhor medida. Uma pessoa com bom senso, uma pessoa cautelosa não costuma se expor completamente, até porque mesmo que o casal já tenha chegado à cama, não significa que os dois sejam verdadeiramente íntimos, nem que o outro está tão à vontade quanto deveria ou poderia estar.

Certa vez, um paciente me relatou que no primeiro encontro sexual, sobre o qual tinha grande expectativa, ao comentar como estava satisfeito com a parceira, após terem tido aquela experiência, ela lhe deu a seguinte resposta, que soou mais como uma acusação: "Pronto, é isso que você queria?". Ela, por causa de possíveis experiências de abuso anteriores, deixou, sem perceber, uma marca profunda no relacionamento dos dois. Mesmo que a relação sexual tenha sido bem-sucedida, a reação dela foi entendida por ele como um desprezo, algo frustrante, já que ele estava empenhado para tudo dar certo naquela nova relação. Portanto, com vistas a um relacionamento futuro, recomendo aos dois nem mostrar tudo, nem tampouco nada mostrar; em ambas as situações, há o risco da má interpretação – fora os preconceitos e moralismos que podem ser mais ou menos fortes na formação de cada um. No caso dos homens, por causa de sua fragilidade diante de mulheres fortes e independentes, a ousadia sexual delas pode até fazê-los se sentir inseguros. Calma e cautela são, portanto, bons aliados da primeira vez.

Uma vez, duas vezes, três, quatro, cinco vezes. Quando os encontros começam a se repetir, é inevitável a pergunta já batida, mas sempre pertinente: afinal, é namoro ou amizade? Nem sempre existe uma resposta exata, principalmente depois que, por volta da década de 1990, surgiu a condição do "ficar". Criada inicialmente pelos adolescentes, até como reflexo de uma era em que a individualidade e o hedonismo estavam em alta, aos poucos esse modelo se expandiu entre os adultos e até hoje é praticado. "Ficar", na verdade, é um "quase namoro", pois as pessoas envolvidas se beijam, saem juntas, transam, envolvem-se emocionalmente, mas ainda assim não assumem compromisso entre si. Nenhum dos dois sabe se a relação vai prosperar, tampouco se há o desejo de que isso possa ocorrer. Nenhum deles pode exigir qualquer tipo de satisfação, nem mesmo a respeito de seu "ficante" ter outros "ficantes".

Tenho ressalvas com relação a esse modelo de relacionamento, se é que posso chamá-lo assim, quando o intuito é um envolvimento mais amplo. E isso porque ele exclui o desenvolvimento da relação amorosa mais profunda, em favor do contato físico ou sexual urgente e pontual. Não motiva as pessoas a saírem de seu casulo para exercitar o desafio de uma relação, nem praticar o exercício da aproximação, com atitudes como ceder, respeitar, conviver com as diferenças e se entregar. Para as gerações mais novas, o resultado é o fim do romantismo e uma crescente impossibilidade de homens e mulheres de se conectarem mais profundamente. Como consequência, ao mesmo tempo que eles aceitam, em nome da liberdade, relações sem compromisso, por outro lado, convivem com o medo da solidão. Não desenvolvem um amadurecimento emocional relacional.

Para os parceiros saberem se é namoro ou "ficada" o que vivem, só há um jeito de proceder: perguntar ao outro e tentar conversar, por mais que as regras desse tipo de relação exijam não se ter regra alguma. Há várias maneiras de se mostrar desejos e limites que servirão a ambos para verificar se os códigos são dos dois ou de um só. Nesse caso, será preciso quebrar os protocolos, que, aliás, não existem, principalmente se um dos dois pretende construir uma relação e atrair para sua vida as etapas mais tradicionais dos relacionamentos: namorar, podendo até noivar e chegar a casar, construir uma família.

Um namoro começa a se delinear quando há uma sintonia maior entre os dois parceiros – e que não se resume ao sexo. Ocorre quando um sente falta do outro, passa a querer compartilhar uma série de sentimentos e impressões, e, principalmente, quando passa a considerá-lo. Portanto, nada de se sentir dono do outro e querer tolher seus movimentos. Chamo a atenção para, quando juntos, não colocar a prioridade fora desse momento, o momento de namorar, porque essa é uma das condições que mais distanciam os parceiros: ninguém quer se sentir desvalorizado pelo próprio par, muito pelo contrário.

Digo isso porque não há jeito de se conhecer, de sentir o que é estar ao lado de alguém, se um dos dois ou ambos ficarem, por exemplo, digitando ou conversando ao celular com amigos, parentes, colegas de trabalho etc. Com esse tipo de atitude, deixa-se truncado o que o estar juntos pode propiciar para a criação de um vínculo afetivo. A queixa aparece em todas as faixas de idade. Certa vez, um homem bem maduro, empenhado em construir um vínculo amoroso mais profundo, queixava-se de que não havia noites de final de semana em que não ocorressem essas invasões. Filhos e netos desrespeitavam o seu lazer e a possibilidade de ele e a companheira cultivarem esse espaço. Como dizia, não conseguia ficar com uma mulher, mas com a mãe e a avó.

É fundamental em um namoro que cada um dos parceiros sinta que pode crescer individualmente, mas também como casal. Isso é *engrandecer* o casal.

HORA DE PROVAR COMPATIBILIDADES

Riscos para o namoro estão por toda parte e surgem quando um quer se impor e dominar o outro, quando atitudes e hábitos irritantes são recorrentes, quando os parceiros avançam o espaço alheio, quando não há diálogo e só imposições. Essa é uma das razões por que eu sempre recomendo aos namorados que querem levar a relação a compromissos mais sérios de tentar antes passar alguns dias inteiros juntos, a fim de se conhecerem nas mais variadas situações – e não apenas nos jantares românticos, na viagem de férias ou no final de semana, quando tudo é sempre bacana.

Não se trata aqui de pregar uma espécie de *test drive*. Apenas uma sugestão para, antes de seguirem adiante, procurar saber se, como companheiros, são compatíveis entre si, e nas mais variadas situações, inclusive as mais íntimas. E isso porque a intimidade revela justamente situações que não são percebidas antes de vivenciá-las. Basta pensar em algumas delas: uso do banheiro, higiene pessoal, troca de roupa, limpeza, arrumação, organização de rotinas, além das intimidades do sexo. Esse é o momento em que as grandes diferenças vêm à tona e conclamam a predisposição para enfrentá-las, experimentá-las e testar a consideração do outro.

Quanto mais consciente estiver o parceiro de que o outro é assim ou assado, se está ou não interessado em mudar, melhor para a relação em fase inicial de construção. Se a cada situação que divergirem, um vier a aprender com o outro, esse é um sinal de que há futuro na relação. Se imperar a imposição, a tentativa de convencer e mudar o outro ou existirem grandes incômodos em relação aos modos do outro, nada feito. Até porque, com os desgastes, a tolerância tende a diminuir.

ALMA GÊMEA DENTRO DE SI MESMO

Pessoas egoístas, caladas, isoladas e muito apegadas aos objetos são normalmente as que mais resistem à ideia de morar junto e construir relações, já que são resistentes às concessões. Quem estiver disposto a compartilhar boa parte de sua vida com alguém deve ter consciência de que amar implica dar espaço para o outro ser ele mesmo e aceitá-lo como ele é. Ter um relacionamento implica podermos expressar sentimentos de forma espontânea e adequada, porque sabemos que nosso parceiro nos aceita como somos, ao mesmo tempo que procuramos ser, na hora certa, o que ele espera de nós. É uma troca contínua. A partir daí, a relação é construída, cada um se transforma voluntariamente para se tornar mais passível de ser amado e mais amável aos olhos do outro. Por isso, é fundamental que antes possamos nos conhecer, amar a nós mesmos e nos respeitar, para que na sequência alguém faça o mesmo por nós.

Fala-se o tempo todo em alma gêmea, mas aqui faço uma observação importante: antes de pensarmos na alma gêmea que vive fora de nós, que tal ter consciência de que devemos encontrar a alma gêmea que existe em nosso interior? O encontro de uma pessoa com ela mesma se dá no momento em que ela é sincera com o que sente e quando aceita as próprias fraquezas e desejos mais escondidos, ou seja, tudo aquilo que guarda dos outros, mas também esconde de si mesma. O que sente no corpo e na alma precisa de reconhecimento e aceitação. Os conflitos entre o que uma pessoa sente e o que quer ser, o que está em seu mundo interno, na sua intimidade, precisam, enfim, ser integrados em um mesmo "eu". O corpo e o espírito precisam estar juntos e viver em harmonia. Porque se há uma sabedoria que transcende o tempo é a de que atraímos para nossa vida o que já mora dentro de nós.

Em outras palavras, antes de sair em busca de um relacionamento, homens e mulheres devem olhar mais atentamente para dentro de si e procurar se conhecer. A relação de amor implica entrega e consideração do que se tem e do que se pode receber do outro. Esse é o caminho que vislumbro para a plenitude dos relacionamentos.

Conhecer alguém e manter contato físico hoje é algo muito fácil, os costumes estão mais liberais e há novos suportes e aparatos à disposição para facilitar essa prática. Tudo está ao alcance de um toque nas telas, telinhas e telões, e a cada vez virão outros recursos tecnologicamente mais evoluídos; enfim, basta um pequeno movimento para tudo acontecer. Pode ser até que passemos a ler pensamentos. E depois disso? Manter e construir um relacionamento, na melhor acepção da palavra, pressupõe inúmeros e constantes movimentos, implica imagens e cenas reais tentando esclarecer as virtuais: esse é justamente o grande desafio para os homens e as mulheres da atualidade.

5

DIFERENTES FASES DA VIDA

Quando apreciamos, embevecidos, uma obra de arte, acessamos áreas em nossa mente onde guardamos conosco aquela parte que mais nos fala ao coração. Diante de um quadro, podem ser os detalhes do desenho, a tonalidade das cores, as pinceladas ou um traço específico da figura representada que nos tocam mais fundo. Quando ouvimos música, é a melodia, o solo do instrumento, os arranjos, a harmonia e até a letra das canções que nos emocionam. Com a poesia não é diferente, e logo uma ou outra pessoa se encanta com um e outro verso.

No caso dos poemas, por mais que os críticos recomendem considerá-los no todo, sob risco de serem apenas parcialmente sentidos e compreendidos, do lado de cá, entre os leitores, todo mundo tem ao menos um verso que sabe de cor – e que recita às vezes baixinho ou em pensamentos. Nem que seja um pedacinho, são essas palavras cheias de sentimento e verdade que justamente vêm à mente e nos acodem nos momentos mais especiais. Eu mesmo carrego algumas delas comigo, mas uma estrofe em especial me ocorre quando fico sabendo ou acompanho o fim de um relacionamento ou etapa de vida. Os versos a que me refiro são do poeta Carlos Drummond de Andrade e, embora não sejam os mais conhecidos dele, contêm grande profundidade e beleza. Refiro-me à estrofe final do poema "Memória", que diz:

> Mas as coisas findas,
> muito mais que lindas,
> essas ficarão.

É com essa sabedoria, com essa sutileza e leveza poética que acredito que deveríamos ser capazes de olhar para os momentos por que passamos na vida, ser capazes de encarar cada ciclo encerrado, para daí, dessas experiências, levar conosco o melhor do tempo vivido. Afinal, o que foi lindo deve ficar sempre guardado no coração e na memória, até porque é parte da nossa história pessoal. E ainda que seja um fato passado que aos poucos vai ficando para trás, uma vez lindo, deve ser eternamente lindo.

O problema é que, quando em meio ao turbilhão de emoções que acompanham o fim de um relacionamento, por exemplo, é muito difícil alguém olhar só para as boas lembranças e deixar de lado o que sente no presente. E esse é justamente um momento em que sobram emoções à flor da pele: raiva, tristeza, ciúmes, desespero, desprezo, desejo de vingança, de retorno, saudades e solidão estão entre elas. Quase não há lugar para a serenidade. Mas ainda assim, mesmo que sejam emoções mais ou menos doloridas, e que precisem ser curadas, como terapeuta, chamo a atenção dos meus pacientes para o fato de serem todas manifestações de certo amor, sinal de que houve, em algum momento, sentimentos no relacionamento. Até a sensação de alívio e liberdade também pode indicar o quanto houve de empenho em manter algo que um dia valeu a pena, ao contrário da indiferença, esta sim a revelar que, para quem a manifesta, a relação já não importava fazia tempo. Desaquecida, imobilizada e improdutiva, ela estava contaminada e adoecendo os dois.

Na vida de um homem e de uma mulher, as coisas findas, para usar o termo do poeta, não se limitam, porém, ao fim do relacionamento que possam ter tido, mas também se referem ao encerramento de diferentes fases por que passa a relação, assim como às fases que cada parceiro viveu em particular. Afinal, tudo na vida são ciclos que terminam e se reiniciam, continuamente. É sobre alguns deles que vale a pena pensar.

PRIMEIRO DESAFIO: A CONVIVÊNCIA DIÁRIA

No final do capítulo anterior, falávamos da nova vida que envolve a decisão dos namorados que se lançam ao compromisso de casar e/ou de morar juntos, fase em que justamente termina um ciclo e se inicia outro, o da vida diária em comum. Ainda que ambos concordem em manter a aura de namoro, não se pode negar que há aí uma nova realidade mais ou menos explícita a ser vivida. A novidade que se instala está no compartilhamento de todos os momentos – os bons e os ruins, os comemorativos e os cotidianos – e não mais só dos bons, divertidos e românticos, que antes davam direito a voltar no dia seguinte ou quando quisessem.

A nova fase é de grandes mudanças, a começar pelo maior comprometimento de um com o outro, algo que exige maturidade e tolerância. É aquilo de que falamos no início do livro, que é a arte de cada um aprender a ceder, a se retirar de seu excesso de "eu" e dar tudo que puder e quiser em nome da relação amorosa e da valorização do outro e da parceria – no que certamente os parceiros devem se empenhar desse momento em diante. Construir esse tipo de convivência é um processo lento. Será preciso tempo para vencer os muitos percalços do caminho, algo a ser levado em consideração, sobretudo pelos mais afoitos e aflitos.

Quando uma relação estável, de parceiros que se definem como casal, começa a se estabelecer, como já observado, o homem estará se confirmando em relação à mulher e vice-versa. Inclusive nessa hora os papéis de gênero que se apresentam incidem na comparação do que é ser masculino ou feminino para cada um. Com o tempo, porém, durante essa convivência, é comum ocorrerem questões e atritos que, se não forem resolvidos a tempo, com conversa e atitudes positivas, acabam "varridos para debaixo do tapete", ali permanecendo latentes.

Quando a convivência é recente, para não entrar em confronto, tanto o homem quanto a mulher com frequência deixam passar muita coisa de que não gostam, até mesmo ignorando-as. Mas com o tempo, impulsos tendem a deflagrar grandes ofensas. E aí reside o perigo. Porque, com a evolução da relação, os dois parceiros terão as respectivas posições definidas com mais veemência nesse relacionamento – e também a partir desses momentos escabrosos –, logo, com o desgaste natural da convivência, surgem insatisfações recíprocas. E estas, acumulando-se com o tempo e sem tratamento adequado, um dia podem vir à tona de uma vez só. É quando surgem desavenças por motivos até banais, quando na verdade eles sempre estiveram ali. Tais desavenças podem se iniciar com acusações e caminhar para ironias desvalorizadoras que estão a alguns passos das agressões morais e físicas.

Um exemplo marcante desse tipo de situação é a daquele casal, citado no capítulo anterior, cujo marido foi meu paciente e me relatou, em uma das sessões, que nunca esquecera a frase da então namorada, futura esposa, logo depois da primeira relação sexual que tiveram. Demonstrando desdém pelo momento especial de amor, segundo a percepção dele, imediatamente depois ela indagou se ele, afinal, conseguira o que queria. Anos depois, já com a relação desgastada, o mesmo desdém – depois tive detalhes dos abusos que ela sofrera e não tratara – seria uma explicação que motivava as principais queixas dele para a crise de seu casamento.

Recentemente, foi a vez de uma leitora, de cerca de 40 anos de idade, me falar do fim de seu relacionamento por causa de uma questão incômoda, que, na verdade, sempre estivera presente, mas era continuamente adiada. Ela me escreveu procurando me consultar sobre seu parceiro, a quem chamava de covarde, porque ele, que já tinha dois filhos de um primeiro casamento, negava-lhe a chance de ser mãe de um filho dele. Segundo ela, eles namoraram dois anos antes de morar juntos e, todas as vezes em que ela o indagava sobre a possibilidade de terem um filho, ele simplesmente dizia: "Teremos tempo para isso?". Até que ele decidiu terminar a relação, ainda que ela insistisse em não falar mais sobre o assunto.

Minha orientação para essa leitora foi a de que um relacionamento leva tempo para se estabelecer, e, pelo que conheço da natureza masculina e do que ela me relatou, eles decidiram ficar juntos sem se conhecer muito bem. O parceiro dela, após a experiência do convívio mútuo, imaginou como seria e percebeu que não queria mesmo ter mais filhos. Muitos homens não querem assumir mais responsabilidades além das que já têm e há aqueles que demonstram traumas pela falta de liberdade de conviver igualmente com filhos que sentem distantes ou até inacessíveis. Por mais que tenha sido dolorida a decisão que afetou minha leitora, de ele terminar a relação, na verdade isso foi até interessante, porque, ao perceber que a parceira queria muito ser mãe, ele decidiu sair do caminho. Eu então disse a ela que esse não era o homem para ser o pai do filho que ela tanto queria ter. E é como eu digo, esteve claro o tempo todo, só que ela não aceitava essa realidade.

TRAUMAS DO PASSADO

Problemas vividos na infância e adolescência por um ou pelos dois parceiros – e que não tenham sido devidamente tratados – também costumam ser a causa de uma série de atitudes e reações, as quais, com o tempo, acabam deflagrando o estopim de algumas "explosões". É comum, por exemplo, que a vivência de períodos significativos de carência no fundo faça a pessoa não se achar merecedora de carinho, de atenção e até de amor, logo ela converte essa experiência não oferecendo isso tudo ao parceiro. Afinal, como alguém vai poder oferecer o que não conhece?

O problema todo é que quando homens e mulheres vivem a fase da paixão, do namoro e de recém-casados, eles não dão a devida importância a esses sinais. As eventuais evidências de que há algo que precisa de atenção especial são completamente ignoradas. Cito ainda o caso, aliás bastante recorrente, de um homem que, até sua fase adulta, mal se relacionara com o pai, tendo perdido a mãe, uma mulher superprotetora, ainda menino. Sem referências mais fortes de uma estrutura familiar, sempre conviveu com dois tipos de ausência que o marcaram em vários aspectos: a da mãe falecida e a do pai vivo. Ao se casar, já mais na meia-idade, com uma companheira bastante dinâmica que estava em seu segundo casamento, esta acabou não aguentando a falta de iniciativa dele. Por sinal, foi ela que me escreveu, completamente insatisfeita. E, depois de me falar da solidão da infância e adolescência dele, disse-me coisas como "nas brigas, ele me acusava de ser o homem da casa", "às vezes, acho que lutei tanto e essa relação parece que atrasou a minha vida", "ele perdeu muito tempo, e sinto que não tenho paciência com sua lerdeza".

É curioso como a crise vivenciada no casamento dessa leitora tem a ver com o que discutimos nos primeiros capítulos sobre os conflitos das novas mulheres versus os homens acuados. Por outro lado, desde o início, ele mostrou quem era, a começar pelo primeiro casamento tardio, pela falta de iniciativa profissional – mas não foi dada a devida importância ao que estava acontecendo, até chegar ao ápice da tolerância – ou da intolerância.

É neste ponto, portanto, uma espécie de clímax da crise, que recomendo aos casais um balanço da relação, dos papéis que desempenham nela, e de preferência em conjunto, para que cada um redimensione o que quer da vida, individualmente e a dois. A urgência dessa revisão, ou discussão de relacionamento, a já mencionada "DR", pode se mostrar útil, desde que não seja excessiva nem utilizada recorrentemente pela mulher – cujo histórico de convocá-la é mais frequente do que o do homem. Este, na verdade, precisa estar disposto a participar dela, para que surta efeito. E ela é necessária nesse estágio por uma razão simples: compromissos assumidos em outras épocas, como no início da vida a dois, podem não ser mais adequados ao momento presente, mostram-se impossíveis de serem atualizados, como fazem com os sites e os computadores. Afinal, tudo e todos estão continuamente a mudar. Mas pode ser que esses objetivos tenham assumido, na relação, o status de "mito" ou de "folclore", sem praticidade e até dando margem a comportamentos vazios e estéreis.

Quando há acertos nessas conversas, tanto melhor. E é nesse sentido que a terapia de um ou dos dois ajuda muito os casais, embora seja comum apenas um deles investir mais nesse "aprimoramento pessoal", aqui como recurso para conhecer melhor seu papel e conseguir levar isso para o relacionamento – às vezes, a despeito da desvalorização do outro, que desdenha a terapia. Em todo caso, é preciso estar ciente de que quando os desajustes são mal-administrados, por falta de preparo, de autoconhecimento ou até de má vontade, a relação pode dar início a um caminho sem retorno. Mas não me refiro a retorno, apesar da palavra, como uma tentativa de alguém voltar a ser o que foi um dia, algo impossível por causa das transformações por que passam pessoas e relações. Adoto o termo mais no sentido de trazer para o presente um elemento imprescindível à relação: o desejo de estar junto do outro, de ter prazer nessa convivência, que foi a origem de tudo e que poderia ser resgatado e preservado.

É preciso apenas que homens e mulheres entendam que o que foi bom em um momento pode não ser em outro, embora isso não signifique que tudo está necessariamente perdido no tempo. As relações podem ser reconstruídas do ponto de vista das necessidades, condições e desejos do presente. Assim como podem ser ajustadas em relação à pessoa que um e outro acabaram se tornando. E se por acaso for tarde demais para que os dois continuem a manter a convivência diária, algo possível de acontecer, dependendo dos rumos dos acontecimentos, ainda assim a relação pode ser preservada, nem que seja pelos filhos, ou em nome das boas e lindas lembranças.

IDADE DO LOBO – E DA TRAGÉDIA

Uma das fases pela qual passam muitos homens e que diretamente afeta sua maneira de encarar a vida e as relações, incluindo o casamento, é popularmente chamada de "idade do lobo". Tive e tenho muitos pacientes que a atravessaram, também muitos leitores ou suas companheiras que me escrevem solicitando orientação para lidar com a situação. Trata-se da mudança que pode atingir o homem por volta dos 40 anos de idade e que se caracteriza por uma crise no processo de amadurecimento e reavaliação masculina, pois esse homem se encontra no limiar entre o que poderia ter conquistado na vida, as conquistas que efetivamente fez e aquilo que ainda quer atingir. É um momento em que ele faz uma espécie de balanço, olhando para trás e para a frente, pois já tem idade suficiente para ter construído um patrimônio, vivido seus desejos, ultrapassado as frustrações e constituído família, acreditando que adiante deveria estar apenas o tempo de desfrutar o que alcançou e não mais se ver frustrado com o que não conseguiu conquistar. E o homem então busca sua caça, para se sentir realizado e preenchido mais plenamente.

Por outro lado, muitos homens, em vez de predadores de novas presas, nesse período podem vivenciar uma terrível sensação de perda e fracasso, inclusive sentir que seguir tocando a vida é desalentador. Insatisfação com a carreira e com o patrimônio construído, situação às vezes acompanhada de desemprego prolongado e de importante deterioração econômica, podem atingi-lo em cheio e instalar um quadro depressivo. Sem prestígio, dinheiro, vida sexual e afetiva; sem estrutura familiar e tudo mais que confirme seu papel social de homem, ele se sente perdido. Envergonhado e com a autoestima afetada, o homem se fragiliza, inclusive nas questões que afetam sua masculinidade. Esse quadro é devastador e ele, incluindo as pessoas a seu redor, vai necessitar urgentemente de tratamento, para que recobre a sua estabilidade psíquica, social, familiar e profissional.

Muitas vezes, eles decidem abandonar quem está a sua volta. O resultado desse questionamento masculino nem sempre é muito positivo, portanto, para os relacionamentos mais antigos, principalmente para aqueles em que há anos os desacertos vêm sendo "varridos para debaixo do tapete". Ao se ver em pleno redemoinho, o homem nessa idade pode também se voltar contra seu casamento ou relacionamento estável, terminando por achar que aí está parte do problema e que é hora de reviver emoções perdidas no tempo. Pior será quando essas ideias se fizerem acompanhar da total falta de diálogo em casa.

Ao se questionarem, nessa fase, muitos estão na verdade se sentindo sós e incapazes de preencher sua vida interior. É muito comum ouvi-los dizer nessa idade que não conseguem mais amar, do ponto de vista sentimental e sexual. Parecem sentir que aquela chama interior está se apagando. E não são raras as rodas de amigos quarentões, ou alguns até cinquentões, em que, ainda que sem comentar abertamente a questão entre eles, percebem que suas vidas sexuais de homens casados estão bastante monótonas.

Geralmente com mais de 10 ou 15 anos de relacionamento com a mesma parceira, é possível que dentro de casa eles vivam ainda outras situações que contribuem para o desânimo, a insatisfação, a incerteza e seus questionamentos: a independência da mulher. Agora não mais na condição de provedores e diante de parceiras cada vez mais exigentes e autônomas, muitos se ressentem da autoridade perdida, e tudo fica ainda mais grave se não tiverem o poder aquisitivo de antes. Conflitos com filhos adolescentes ou jovens adultos agravam o quadro já bastante instável.

Aproveito aqui para colocar todo esse problema em situações reais, vivenciadas por dois pacientes meus e relatadas em sessões de terapia. O primeiro, ao falar do relacionamento "completamente desastroso com sua mulher", fez um comentário digno de observação: ao culpá-la pela crise do casamento, disse que ela, inclusive, era responsável por ninguém prestar atenção nele, quando chegava do trabalho, já que todos, inclusive ela, estavam ocupados com seus aparelhos eletrônicos de joguinhos. Segundo esse paciente, seus familiares não tinham "sequer o trabalho de levantar a cabeça" para ver que ele havia chegado. Já o segundo, referindo-se a situações semelhantes, reclamava da presença da TV na vida familiar, o que impedia que ele e a esposa trocassem conversas para atualizar e incrementar o relacionamento.

Reverter esses tipos de situação, especialmente quando o homem está nessa fase, é possível com a ajuda de um ambiente terapêutico que aos poucos poderá ajudá-lo a recuperar seu potencial afetivo, fazendo-o acreditar novamente na própria capacidade e na convivência harmônica e sincera com sua parceira e seus filhos. Se conseguir recuperar tudo isso sem recorrer ao isolamento social ou familiar, ele poderá receber o afeto e apoio de que precisa para seguir adiante. Se o homem consegue rever, dentro de si, o que conquistou, em vez de só olhar para fora, encontrará o caminho do fortalecimento de sua identidade.

Caso contrário, se não conseguir se encontrar nem receber apoio, esses desgastes podem culminar com a separação e até com a busca de relações extraconjugais. Essas aventuras, na maioria das vezes, são vistas por eles como uma espécie de correção de rota para uma vida melhor, uma saída desesperada para renovar emoções perdidas, ainda mais quando envolvem parceiras bem mais jovens do que eles. Atraídos pelo apelo visual da juventude e pela jovialidade dessas mulheres, sentem-se de repente com o mesmo frescor da sua fase mais vigorosa. Muitos veem a oportunidade nesse tipo de relação de se liberar das cobranças sociais anteriores e ainda recuperar a autoridade perdida, já que muitos assumem com elas a postura de protetor, de professor e de homem maduro, tendo assim alguém que os respeite, escute e atenda. Eles ainda podem viver uma renovação da potência sexual, que em muitos casos estava apagada ou reprimida.

Um segundo casamento, porém, dependendo de como se dá a separação e a escolha da nova parceira, pode trazer ainda mais dor de cabeça. Um dos riscos é o de que essa relação também se desgaste com o tempo, principalmente diante do envelhecimento do homem em confronto com a parceira mais jovem, enchendo-o de inseguranças que novamente podem vir a frustrá-lo. A mulher que for mais madura pode decidir acompanhá-lo e até abrir mão de uma fase da própria vida, especialmente se tiver experiências anteriores e adquiriu sabedoria para "levar" um homem, podendo até vir a fazer dele o melhor companheiro da sua vida.

Essa postura, porém, é mais difícil de ser encontrada em uma parceira jovem do tipo "Lolita", termo empregado para as jovens mulheres que têm por esporte atrair homens mais velhos com o objetivo de exercitar continuamente a fantasia da sedução. Em todo caso, o sucesso do relacionamento entre o homem mais velho e a mulher mais jovem vai depender do grau de sintonia que conseguirem estabelecer.

Quando atendo pacientes homens que estão por vivenciar esse tipo de relação, procuro questioná-los se na verdade não estão alimentando um fetiche. Em meu livro *Os bastidores do amor – sentimentos e buscas que invadem os relacionamentos e como lidar com eles*, eu procuro justamente mostrar como as pessoas podem se envolver com crenças e estereótipos que são disseminados comumente pela mídia, mas que, na verdade, não têm nada a ver com elas, e, inclusive, não lhes trazem grandes realizações ou felicidade plena. Muitos que assim agem acabam sequestrados por relações perversas que fazem mal aos dois. E como falávamos aqui de transformações, é sempre muito importante ter em mente o quanto esse turbilhão que convulsiona a cabeça dos homens nessa fase pode afetar significativamente os relacionamentos.

UMA LOBA DIFERENTE

Assim como o homem que por volta dos 40 anos vive uma fase de questionamentos, também a mulher atravessa um período de mudanças mais ou menos nessa idade – e que pode se refletir em seus relacionamentos. Embora a versão feminina da expressão "idade da loba" seja pouco utilizada, não se pode negar que a mulher dessa faixa etária está bem longe dos parâmetros mais antigos, até porque a liberdade, a expectativa de saúde e beleza e a longevidade de que dispõe decididamente são outras.

A diferença da mulher em relação ao homem durante essa etapa de questionamentos é que ela, ao contrário dele, mostra-se mais segura em certos aspectos. E assim, enquanto "lobo" pode ser um termo que remete a uma espécie de "predador sexual", que age em busca da juventude perdida, por isso mesmo cercando-se de mulheres mais jovens e imaturas, o conceito de "loba" pode ser menos sexual e mais referente a conquistas e poder. O que, por outro lado, não exclui que, mais experiente e segura no campo da sexualidade, essa mulher sinta mais livremente prazer com o companheiro. No campo profissional, o mercado de trabalho, para ela, expandiu-se, e não são poucas as mulheres que, por volta dos 40 anos, continuam a exercer novas atividades, recriam e reinventam profissões anteriores, com bom poder aquisitivo.

É um período da vida em que elas continuam dinâmicas, não têm o peso da cobrança de serem provedoras e não veem como primordial ter um homem ao lado para se sentirem protegidas. Isso significa que, para as recém-separadas, desde que bem-resolvidas com relação a um possível desgaste vivenciado com o fim do relacionamento, muitas não estarão tão afoitas para novas relações. É comum no início da vida de descasadas elas até poderem pensar em se casar de novo. Depois pensam em se juntar. Depois, cada um na sua casa. Aquelas que têm filhos chegam, inclusive, a dispensar o homem como companhia constante.

O desejo nessa fase da mulher é o de ter o homem como companhia, mas não tão constante a ponto de morar juntos e dividir tudo. Quanto maior o patrimônio construído e a independência financeira dela, menos vínculos fortes ela vai desejar. Hoje, nessa etapa da vida, a mulher não quer um homem dependente. Mais maduras e exigentes, o problema é que muitas delas acabam se tornando inflexíveis. E é essa inflexibilidade que confronta homens e mulheres nesse momento. Porque o homem, por seu lado, está mais inseguro, inclusive com relação à performance sexual, e ainda pode apresentar uma baixa autoestima pela perda de poder aquisitivo, de status e de autoridade. Os relacionamentos nessa fase são decididamente afetados por esses contrastes.

Ao amadurecer como profissional, muitas mulheres chegam a demonstrar vergonha de ter um companheiro não tão bem-sucedido. Outras fazem questão de se mostrar ocupadíssimas para eles, pois realmente estão cheias de compromissos e atividades em ritmo muito diferente da vida social mais pacata deles. Quanto à vida sexual, elas não prescindem de relacionamentos estáveis para isso, embora se queixem de que antes a vida sexual era mais intensa e movimentada. É verdade que muitas gostariam de um novo parceiro para sair e conversar, para ter um cúmplice em várias situações, mas diante dos desencontros da contemporaneidade, a autossatisfação sexual muitas vezes as tranquiliza.

Por outro lado, não podemos nos esquecer de que dentro desse mesmo quadro, há mulheres que, incomodadas com a baixa performance sexual e/ou social do parceiro, também se permitem olhar para os lados − e ir até mais fundo, em casos extraconjugais. E assim decidem agir em nome da quebra de barreiras e da necessidade de viver experiências de romance e de sexo que ajudem a confirmar a própria feminilidade por tanto tempo desvalorizada. Digamos que é um momento dramático também para a mulher, por querer ser desejada e admirada, o que não deixa de ser uma autoafirmação. Sem dúvida, para essas mulheres surgem ideias sobre como seria trilhar outros caminhos, sem a relação estável em questão, que está estagnada e monótona. Até pensam em construir outro relacionamento, com tudo o que acabaram de descobrir. Algumas fazem grandes revisões, inclusive com relação à segurança de que dispõem dentro do atual casamento. Nesse caso, percebem logo que o fator econômico está atrelado ao marido e que ficariam desassistidas se saíssem do relacionamento deixando o patrimônio do casal nominalmente com ele: com uma eventual separação, elas perderiam todo status econômico que têm.

Pelo relato dessas transformações todas, é possível ter ideia de que abordamos apenas uma pequena fração do número e da variedade de fatores que na meia-idade interferem nas relações entre homens e mulheres − e que podem levar a desgastes bastante significativos. Por outro lado, passada a turbulência, e desde que tenha existido amor, valorização do parceiro, serenidade e sabedoria, novos ventos podem muito bem soprar a favor dos relacionamentos, com dias mais calmos surgindo no horizonte.

MATURIDADE E CUMPLICIDADE

Se entre 40 e 50 anos de idade, tanto os homens quanto as mulheres vivem importantes transformações e questionamentos – nem todos absolutamente tranquilos ou com desfechos positivos, embora boa parte passível de ser abordada com terapias –, por outro lado o caminho da maturidade, que vai dos 60 anos em diante, é bem mais sereno.

À medida que a chamada terceira idade se aproxima, é natural que o ser humano se torne menos ansioso e mais tolerante. Relacionada ou não com essas características, nota-se ainda que, nessa mesma fase da vida, a sensação de solidão se torna mais aguçada. Homens e mulheres, embora com diferenças de intensidade, nesse período tendem a entender melhor as necessidades alheias, e também as próprias. Mais pacientes e até mais sábios, estão mais confortáveis nas respectivas condições de gênero, razão por que absorvem melhor as grandes diferenças entre os dois. Ser homem e ser mulher foi uma condição que percorreu a vida de cada um como um balizador de escolhas.

Em geral, nessa fase as mulheres continuam mais livres, seguras e bem resolvidas com sua condição feminina. Também estão menos reprimidas e se abrem mais facilmente para novos rumos de afirmação pessoal, de conhecimento e de cultura. É comum encontrar inclusive aquelas que, até então "sequestradas" pelos filhos no papel de mãe ou de dona de casa e de esposa, tenham deixado para a maturidade a oportunidade de vivenciar novas experiências e adquirir novos conhecimentos. Por isso, muitas passam a explorar o mundo com mais interesse, inclusive desenvolvendo relações sociais com outras mulheres, tendo sempre a companhia delas para esses momentos.

Os homens, por sua vez, em geral se mostram menos ativos e vaidosos, inclusive sem muita vontade de se mostrar para a sociedade. Muitos inclusive ficam mais desligados das atividades sociais, incomodam-se de ir a ambientes novos. É a introversão típica do homem, que, na terceira idade, fica mais exacerbada. Essa é uma das razões por que as mulheres, percebendo o parceiro ausente, taxam-no de rabugento e mal-humorado. Nessa altura da vida, bem diferentes da juventude, são poucos os homens que ainda se interessam por novos conhecimentos – aliás, eles não estão nem um pouco ávidos por novas descobertas, ao contrário delas –, não se entusiasmam facilmente, provocando ainda mais reclamações das companheiras.

O lado positivo, pelo menos nesse aspecto, é que valorizam mais a convivência com elas, satisfazendo-se com esse vínculo ou com a família toda. Muitos que antes eram irascíveis e arrogantes em casa agora se tornam mais afáveis e dedicados aos afazeres domésticos. Às vezes, eles até perdem aspectos que eram característicos de sua masculinidade, passando a obedecer cegamente ao que a mulher quer, ela que, nessa fase, geralmente está com mais energia do que ele. E ela continua com a sua atividade dentro e fora de casa, ativa, sempre na perspectiva de estar se atualizando e socializando.

Nem tudo são flores, portanto, nessa etapa da vida. A síndrome do "ninho vazio", resultado do afastamento diário dos filhos, estes envolvidos com a própria vida, costuma afetar o homem e a mulher. Há aqueles que, para compensar, exageram na condição de avós, tornando-se até desagradáveis aos olhos dos outros, por só falarem nos netos e viverem para eles. Todos, sem exceção, acabam por sentir as consequências da falta de atividade profissional, do isolamento social, do preconceito e da desvalorização do idoso na sociedade. As questões de saúde, às vezes acompanhadas da necessidade de medicações que afetam a disposição física e mental, também se refletem na qualidade de vida deles.

É por essas e outras razões que a cumplicidade que os casais conseguiram estabelecer ao longo da vida se torna crucial nesse momento. E assim, o marido que sempre reclamou da dependência e do controle da esposa sobre ele, torna-se mais amoroso e preocupado com a saúde, o bem-estar e a felicidade dela. Mulheres que taxaram seus maridos de arrogantes e autoritários, agora se sentem seguras, protegidas pela capacidade de gerenciamento e organização deles. Aqui, o amor é que passa a falar mais alto, tendo a oportunidade de se mostrar como o grande vencedor das mudanças que afetaram o casal e o relacionamento na travessia do tempo.

SEPARAÇÃO E DESCASAMENTO

Algumas páginas atrás, ressaltei a importância de os casais se conciliarem com seu passado em comum antes de iniciar um novo ciclo, principalmente quando essa conciliação envolve tudo o que deixaram por lá, ou seja, vivências que agora se transmutam na forma de memórias – e que podem muito bem ser as de um grande amor, de uma longa relação, e assim por diante. Para falar da beleza dessa experiência na vida das pessoas, recorri ao dom da poesia, mais especificamente aos versos de Drummond, que, aliás, mostraram-se mais precisos do que mil palavras. Ou alguém duvida de que a postura mais correta, antes de seguirmos adiante na vida, é focar os aspectos positivos e estar em paz com o que foi vivido, em especial com o que foi lindamente vivido?

A questão é que encerrar uma fase da vida e passar para outra quase sempre implica um período de luto. Realmente leva tempo até deixarmos para trás hábitos, organizações emocionais, vínculos afetivos profundos, costumes e às vezes uma vida toda. Não é uma tarefa fácil, muito menos veloz, por mais que seja inevitável quando um ponto-final é colocado em uma história. Para traduzir em palavras a suspensão desse momento, quando tudo parece perdido, quando o futuro é ainda nebuloso e o que existiu não existe mais, utilizo-me, novamente, da palavra poética para captá-lo em sua plenitude. Desta vez, é o poeta Vinicius de Moraes, uma referência para tantas emoções que conhecemos, com duas estrofes de seu "Soneto de separação", quem me empresta os versos.

> De repente do riso fez-se o pranto
> Silencioso e branco como a bruma

E das bocas unidas fez-se a espuma
E das mãos espalmadas fez-se o *espanto*.

De repente da calma fez-se o vento
Que dos olhos desfez a última chama
E da paixão fez-se o pressentimento
E do momento imóvel fez-se o *drama*.

Terminar um casamento ou um relacionamento que um dia mexeu com a gente e nos fez sonhar a força do amor e a promessa de felicidade eterna é muito frustrante. Em algumas pessoas, dói mais do que em outras, pois é como ter um sonho e um ideal atingidos em cheio em pleno voo. E acontece exatamente como diz o poeta: do que antes era riso faz-se pranto, das mãos que antes se tocavam agora resta o espanto, e da paixão o receio da entrega, a desconfiança, o pressentimento. Tudo é distância, silêncio e drama.

Recentemente, recebi o seguinte depoimento: "Me separei há quase três meses de um casamento que julguei ser para sempre. Acredito que ainda nos amamos. Ele me liga com frequência e me trata com amor e carinho de sempre. Mesmo sem sexo há mais de um ano, não aceito a separação. Sinto que perdi a minha história passada e futura".

Quando uma relação acaba, tem-se a impressão de que o futuro foi embora com ela, já que é o fim dos planos e dos sonhos em comum. Existe um período de adaptação, necessário para que cada ex-parceiro possa entender o que perdeu, saber o que realmente faz falta e o que é possível aprender com o que se foi. Não sentir a falta do relacionamento pode ser um jeito de mascarar essa dor. Não sentir falta alguma, no entanto, dá a entender que a relação não tinha tanta importância, como pude observar em casos que acompanhei, em que os parceiros sentiram certo alívio de se livrar de algo que nem percebiam que os consumia. Mas em geral homens e mulheres ficam tão dilacerados emocionalmente com a separação, que muitos não conseguem, por si só, colocar um ponto-final nas respectivas histórias.

Não são poucos os relatos sobre esse tema que pacientes, ao longo do tempo, trouxeram-me, alguns se mostrando desesperados e outros completamente vulneráveis e perdidos. Recentemente uma jovem mulher me escreveu, para dizer que não aguentava mais, que não conseguia seguir minha orientação e pela quarta vez voltou a telefonar para o ex-marido, quase a suplicar pela volta dele, passando por cima de qualquer cuidado com sua autoestima já tão nocauteada pelas palavras diretas e pouco carinhosas dele. Por e-mail e recorrendo a metáforas, outra leitora me falou do vazio que sente, especialmente quando se deita à noite e encontra a cama tão grande sem a presença do ex-marido, o que a faz sofrer por ver o tamanho do espaço que ele ocupava em sua vida. Mais recentemente, foi a vez de um homem desabafar: não conseguia superar a separação definitiva da segunda companheira, depois de nove anos de convivência. Sentindo-se culpado, ele atribuía a separação ao fato de ele se manter ao lado dos filhos, mesmo já adultos e também seus sócios, todas as vezes em que estes entravam em atrito com essa nova mulher.

Tenho guardado uma infinidade de histórias com vários detalhes em particular. Muitas vezes, as pessoas se identificam tanto com essas histórias que acham que estou descrevendo o caso delas. Todas têm em comum, porém, esta marca: o ponto em que o casal não conversou amigavelmente, que não recorreu a uma terapia quando havia tempo, mas "tampou o sol com a peneira", enquanto a crise ia crescendo sem controle. Tratar desses temas com o parceiro, desde que não seja uma experiência traumática e agressiva, desde que não invada e não ultrapasse o limite do outro, tem tudo para ser algo construtivo.

Caso contrário, as experiências de relacionamentos entre homens e mulheres poderão engrossar dados como os de um recente estudo dos Estados Unidos, conduzido pelo Departamento de Desenvolvimento da Família, da Universidade da Carolina do Norte, que ao longo de 13 anos analisou 300 casais com menos de um ano de união civil. Os resultados apontaram que 27% deles optaram pelo divórcio antes de chegar aos cinco anos de relação, alegando que o parceiro ou a parceira havia mudado para pior. Uma porcentagem menor, 13%, separou-se no decorrer do período por outros motivos (os mais citados foram traição, falta de dinheiro e pressão da família). A grande maioria, 60%, preferiu encarar as dificuldades e permanecer casada, ao menos pelo tempo que durou a pesquisa. Outro estudo da ONU, multicêntrico, também recente, apontou que 45% dos casais na atualidade já se divorciaram.

Ao detectar os primeiros sinais de que o parceiro "mudou para pior", como muitos casais se justificam para se separar, é hora de conversar, abrir o jogo e estimular o companheiro a expressar o que está sentindo. É recomendável iniciar a conversa com uma atitude que assume a própria contribuição, a culpa pelo que está ocorrendo. Esse sinal oferece a intenção de dialogar e não impõe um confronto ou uma acusação. Demonstrar a capacidade de refletir sobre os próprios erros costuma ser um passo significativo rumo à conquista de uma troca edificante de opiniões e impressões. Depois disso, deve-se chegar a um acordo sobre novas atitudes. Dificilmente o marido ou a mulher dirá "nosso casamento está aquém das minhas expectativas iniciais". O descontentamento é mostrado por meio de atitudes. São fortes indícios desse desencontro os longos silêncios durante o jantar, a falta de intimidade em uma sessão de filme em casa, o afastamento sexual, diálogos que se limitam às contas, aos filhos, aos netos e aos compromissos assumidos ou que ecoam frases como "você está muito chato" e "você não era assim quando namorávamos". E eles podem vir tanto de um único parceiro quanto de ambas as partes, o que se aplica a relações de todas as fases da vida, inclusive de casais mais velhos.

TERAPIA COMO CAMINHO

O grande problema de homens e mulheres que vivenciam essas situações já deterioradas é que muitas vezes eles não conseguem identificar sozinhos os motivos pelos quais continuam mantendo esses relacionamentos nocivos. Às vezes, tem a ver com o medo da solidão, com convenções sociais, comodidade, receio da divisão de bens, carência afetiva, antecedentes próprios ou dos genitores, falência de casamentos anteriores, ideia fixa de ter que dar certo custe o que custar, não importa a conta a se pagar. É impressionante como nossa mente tem a incrível capacidade de se blindar e barrar informações que possam nos desestruturar, daí a dificuldade de localizar a origem dos atritos, até para salvar a relação. Todo relacionamento que causa desconforto ou que traz infelicidade deve ser motivo para a busca de ajuda profissional, de preferência de psicoterapia com psiquiatra ou psicólogo.

Nem todos sabem que em uma terapia, com o processo em andamento, a pessoa entra em contato com questões profundas e tem maior acesso, conhecimento e, a partir daí, mais controle sobre suas emoções. É no consultório que ela vai entender se vale a pena ou não lutar por sua relação e como lidar com a nova situação quando sair dela, se decidir sair. Só com ajuda profissional ou com maturidade para tomar decisões serenas é que, ao optarem pela separação – como no poema de Vinicius de Moraes –, homens e mulheres realmente poderão deixar de ver "o amante se fazer triste, o contente se fazer sozinho" e principalmente deixar de ver "a vida – que era para ser vivida junta – de repente se fazer uma aventura errante". O vazio dessa errância que se instala nos corações de parceiros recém-separados, portanto, pode muito bem vir a ser preenchido por outro estágio do amor.

É por isso que sempre digo que, assim como a relação exige diálogo e construção – das mesmas coisas também precisa a separação, ou seja, a separação também precisa ser muito bem-construída. E, nesse caso, de uma maneira a não deixar ressentimentos que impeçam os ex-parceiros de prosseguir em uma relação amigável. Para não correr o risco de se encerrar mal uma importante fase da vida, chamo atenção para a importância de se estar consciente de que, entre os diferentes modos de agir, todos devem levar em consideração o outro e a história vivida em conjunto com ele. Até porque casais que deixam a condição de casal podem, inclusive, vir a se ajudar nas mais diferentes circunstâncias, desde que mantida a amizade, justamente por causa do profundo conhecimento que um tem do outro. Independentemente do vínculo criado pela existência de filhos em comum, que por si só já representa uma grande demanda de contatos, eu diria que ex-companheiros que preservam a amizade podem recomendar ao outro, por exemplo, oportunidades de negócios, roteiros de viagens, livros, filmes, vinhos, espetáculos, restaurantes etc.; na verdade, são muitas as possibilidades, inclusive no âmbito emocional. Entre eles, estão a ajuda na educação dos filhos e cuidados com a saúde. Nesse caso, basta uma simples menção de um sentimento qualquer, para ouvir do outro, de repente, a palavra certa. Às vezes, um ex-companheiro é a melhor pessoa para alguém contar certos feitos ou para comemorá-los. Mas é preciso dedicação e vontade de construir bem até mesmo os descasamentos. E não importa a maneira que cada um encontre para fazer isso.

Anos atrás, eu acompanhava uma mulher que vivia um relacionamento muito intenso e profundo, o que não impediu que sua relação chegasse ao fim. Cada vez mais dedicada à sua brilhante carreira, ela precisou passar, ao longo desse percurso, por várias fases de elaboração e recomposição psicológica. Sua frieza emocional chegou a ser tamanha que o trabalho se tornou tudo em sua vida, afastando-a completamente da vida social. Não quis mais saber do amado, do qual tinha muita raiva, mesmo que ele continuasse como referência de momentos importantes em sua vida.

Passaram-se várias outras fases após a separação: de profunda tristeza e de um grande sacrifício para ela se manter em atividade, em que só se lembrava dos encontros idílicos que tiveram. Mesmo com raiva, o amor dela por ele continuava presente. Em fases de depressão, ela inclusive precisou de um tratamento medicamentoso para seguir adiante; em outros momentos, curtia livremente o que a vida lhe proporcionava com intensa criatividade, inclusive dedicando parte do seu tempo ao contato, mesmo que imaginário, com aquele a quem amou e por quem ainda se sentia amada. Na verdade, ela teve a oportunidade de comprovar em encontros posteriores essa sensação.

Naquela época em que eu a acompanhei, ela manteve um relacionamento ora virtual, ora contemplativo com seu companheiro de amor vivido. Isso a inspirava, fazia-lhe companhia, era uma referência para as dificuldades profissionais e lhe dava segurança ter vivido um amor do qual tanto recebeu. O enriquecimento que ela teve nos anos que estiveram juntos valera por toda a vida. Com o trabalho terapêutico que fizemos, pudemos integrar tanto os momentos terríveis de sofrimento por que ela passou quanto os de infinita felicidade que a realizaram como uma mulher plena, em seu máximo potencial feminino. Minha intenção em citar esse caso é o de chamar a atenção para a necessidade de cultivarmos, acima de tudo, as boas lembranças dos relacionamentos que temos em nossa vida e nos marcam sensivelmente, mesmo que o contato com o ex-companheiro seja cada vez mais rarefeito e se torne uma lembrança, mas uma boa lembrança.

Moreno, criador do psicodrama, que foi contemporâneo de Freud, embora mais jovem que ele, um dia lhe disse: "Enquanto o senhor analisa os sonhos dos seus pacientes, eu ajudo meus pacientes a viver seus sonhos". Conforme o texto que escrevi para o Museu Digital Moreno sobre a vida e obra desse pioneiro mestre, com quem tive o privilégio de conviver por breve período, o trabalho dele visava estimular ao máximo o desenvolvimento da criatividade dos indivíduos, para que estes pudessem, desse modo, viver seu maior potencial humano. Movido pela liberdade de sentimentos, mas sem deixar de adequar essa liberdade às amarras sociais, Moreno assim acreditava na edificação de um ser mais completo.

Não é outro meu objetivo como terapeuta quando, ao usar os recursos do psicodrama, coloco meus pacientes em contato com diferentes situações imaginadas, embora todas ancoradas na realidade em que vivem. Vivenciando cenas e diálogos, mexendo com o corpo e a mente, em que a criatividade fala mais alto – a exemplo do que faz a arte, quando aciona áreas especiais da nossa mente e puxa o que guardamos fundo – esses movimentos trazem à tona as fantasias do coração de cada um, no qual o amor sempre há de ocupar posição privilegiada. E é assim, consciente do que cada um constrói para si interiormente, que se torna mais promissora a construção das relações externas.

6

CASAIS EVOLUTIVOS E A FORÇA DO AMOR

A paixão é um dos sentimentos mais intensos e desejados. Dizem os pensadores, os poetas e os filósofos – e reconhecem os estudiosos e terapeutas – que ela move o mundo, pois é capaz de dar ao ser humano a impetuosidade necessária para ele empreender as mais diferentes conquistas, sem falar no poder que tem de transformar a monotonia do dia a dia. A questão é que a paixão também é muito contraditória, porque ao mesmo tempo que impulsiona homens e mulheres, como uma espécie de motor da vida, na mesma proporção gera doses preocupantes de insensatez e impertinência.

No campo dos relacionamentos, como observado, uma pessoa apaixonada geralmente tem dificuldade para perceber os sinais de que seu parceiro ou parceira pode não vir a ser o que ela sonha realmente. Cegos pelo encantamento natural da paixão e até mesmo surdos para os eventuais alertas dos conhecidos, todos os apaixonados, sem exceção, uma hora se defrontam com o desafio de colocar à prova seu sentimento primordial – o que impreterivelmente acontecerá na fase da convivência.

PAIXÃO, AMOR E CONVIVÊNCIA

Sabendo que essa etapa dos relacionamentos gera igualmente acertos e desacertos, a dúvida que se segue tem a ver com um sentimento bastante nobre, embora bem menos pulsátil: o amor. E a questão que normalmente se formula a partir daí é a seguinte: seria o amor um estágio além da paixão, uma fase de amadurecimento em que ela afinal desabrocha e dá frutos? E qual a diferença entre a paixão e o amor nos relacionamentos? Para responder a essa questão, é interessante recorrer à tradição judaica, em especial à linda cerimônia de casamento, momento conhecido como "Bedeken", que corresponde ao ato de se esconder o rosto com o "Véu da noiva", e que contém grande sabedoria sobre a relação entre paixão, amor e convivência.

Antes de prosseguir, é preciso entender o contexto original dessa história, que remonta a alguns séculos atrás e começa numa manhã, quando um homem sai de casa ao encontro de outro homem, por questões de trabalho. Nessa reunião, o primeiro homem acaba conhecendo a filha do segundo, por quem se apaixona à primeira vista. Sem conseguir tirá-la da cabeça e encorajado pela força da paixão, ele em pouco tempo decide pedi-la em casamento, dirigindo-se ao pai dela. Este aceita, com a condição de que o pretendente trabalhasse sete anos para ele. Nessa história contida na Torá, Yaacov é o homem apaixonado, e Laban, seu futuro sogro. A jovem que desperta a paixão é Rachel. Mas há ainda outra personagem a entrar em cena: Leah.

Leah é a irmã mais velha de Rachel, que será colocada no lugar da noiva por Laban, o pai das duas, pouco antes da cerimônia de casamento. A troca foi possível porque a noiva estava coberta com um véu sobre o rosto, como ocorre com as noivas até hoje, antes de chegarem à tenda nupcial. E é assim que Yaacov se casa com Leah, sem cogitar levantar o véu e, portanto, sem perceber que não tinha se unido à noiva que escolhera. Ele então precisará trabalhar por mais sete anos para poder ter também Rachel como esposa. A reprodução dessa cena nos casamentos judaicos da atualidade traz profundas reflexões: a de que ninguém se faz conhecer sem uma convivência e, por extensão, a de que a fantasia e a realidade podem ser bem diferentes.

Na verdade, Rachel e Leah simbolizam as duas dimensões de toda personalidade humana. Rachel é a mulher linda, de características belas, atraentes e charmosas por quem Yaacov se apaixonou. O próprio nome Rachel, em hebraico, significa "ovelha", aquela que tem natureza amável e serena. Já Leah, também segundo a origem do nome, significa cansaço, exaustão, mas em nossa história ela é também chamada de "olho fraco", porque chora muito, representando os conflitos internos, a insegurança e a tensão psicológica e espiritual vivida por todo ser humano.

A analogia dessa história com o casamento ou a convivência diária do casal, mas também com a paixão e o amor, está na crença de que, ao desposar alguém, é com "o lado Rachel" desse parceiro ou parceira que os pretendentes acreditam estar se casando. É afinal nessa pessoa linda, inteligente, bondosa, charmosa, sensível e divertida que frequenta muitos sonhos que qualquer um pensa e à qual deseja se unir. Há uma frase interessante e divertida do escritor irlandês George Bernard Shaw que se refere a essa situação, embora proferida em outro momento histórico, mas que diz o seguinte: "Apaixonar-se é exagerar enormemente a diferença entre uma mulher e outra". Em outras palavras, as hipérboles fazem parte da linguagem e do pensamento dos apaixonados.

FALHAS QUE FORTALECEM

Na vida real, quando um sonho é colocado à prova, é certo que muita coisa tende a mudar, especialmente para os apaixonados que vivem a fantasiar amores. O motivo está na descoberta de que aquela pessoa idealizada não existe por completo, já que nela vive também outra pessoa, repleta de mágoas e tensões não resolvidas – o que é natural do ser humano. Por isso, embora seja comum aos apaixonados em um primeiro momento "amar Rachel" e "rejeitar Leah", o ideal é que à medida que a vida passa, a exemplo do que aconteceu com Yaacov, eles possam descobrir na "dimensão Leah" do companheiro ou da companheira o grande desafio para alcançar a conquista do relacionamento completo.

Por mais contraditório que possa parecer essa afirmação, o que eu quero dizer é que são as falhas e as imperfeições do cônjuge que permitem ao parceiro crescer significativamente. Primeiro, porque é preciso abandonar o egocentrismo e, com desprendimento, tentar entender o que acontece com ele ou ela. Segundo, porque daí surge o ímpeto de querer ser e de querer torná-lo ou torná-la uma pessoa melhor. O relacionamento afetivo ideal, aliás, como eu já observei antes, é aquele em que a mulher transforma seu homem no melhor companheiro que ele pode ser para ela. E o homem igualmente transforma sua esposa na melhor companheira que ela pode ser para ele. Quando os dois estão juntos para valer e um estimula o outro a fim de que aflore o melhor de cada um, surge então ao menos a possibilidade de um relacionamento ser bem-sucedido.

Com essa compreensão, ou seja, a de que a convivência motivada pelo amor é a principal responsável pelas relações evolutivas, é que, afinal, tanto os homens quanto as mulheres conseguirão criar vínculos afetivos que permitirão o crescimento mútuo, na melhor acepção do conceito. Essa é uma das razões porque, até hoje, nos casamentos judaicos reproduz-se a cena em que a noiva porta um véu sobre o rosto, sem que o noivo a desvele, para dessa maneira lembrar as palavras de Yaacov para sua noiva: "Eu amarei, prezarei e respeitarei não apenas o 'você' que se revela para mim, mas também aqueles elementos de sua personalidade que estão ocultos para mim. E quando me uno a você em casamento, comprometo-me a criar um 'Tzimtzum', um espaço dentro de mim para a totalidade do seu ser". A habilidade humana, semelhante à de Deus, de se ocultar para a percepção, depois da criação do mundo, é chamada de "Restrição" (Tzimtzum), a qual preserva o espaço interno disponível para o relacionamento e o amor. Essa é a mais profunda entrega de um homem ou de uma mulher ao outro.

Ainda dentro do mesmo tema, torna-se pertinente citar aqui algumas declarações do Rei Salomão, contidas no *Livro dos Provérbios*, em que primeiro ele diz que "aquele que encontrou uma mulher, encontrou o bem". Curioso, porém, é o que ele diz mais adiante, e no mesmo livro, acrescentando algo bem contraditório: "E achou a mulher mais amarga que a morte". A referência tem a ver justamente com as contradições naturais intrínsecas ao ser humano, seja ele homem, seja mulher, já que, quando em convivência, precisa superar as armadilhas da relação. O egocentrismo é uma delas, ainda hoje um empecilho para um relacionamento genuíno, completo e sem amarguras.

AMOR E FANTASIA ANDAM JUNTOS

O amor leva tempo para amadurecer, ao contrário da paixão, que é ainda mais fantasiosa e impulsiva. Daí a diferença entre eles. E aqui relembro o que já venho destacando, que é o quanto de fantasia existe na base do amor. Mas não fantasia no sentido de disfarce ou de farsa, e sim por sua condição imaginativa e criativa. Afinal, quando nos apaixonamos, e até mesmo quando passamos a amar alguém, imaginamos muito a respeito dessa pessoa. Fantasiamos, no fundo. E assim costumamos agir durante todo o relacionamento, mesmo quando a paixão dá lugar ao amor. Isso acontece porque só aos poucos, nas diferentes situações vividas juntos, é que vamos conhecendo como é o parceiro ou a parceira. Porque o que cada um oferece, mesmo que seja de uma maneira sincera, nem sempre é o que o outro consegue receber. Também temos que considerar que as pessoas se transformam ao longo das relações e da vida, sem que ninguém tenha controle sobre isso.

Um ponto de vista curioso que em parte compartilha dessa ideia vem de uma teoria dos relacionamentos denominada Imago, que afirma sermos atraídos por quem representa o nosso perfeito "outro", ou seja, aquela pessoa que nos ajuda a criar a relação perfeita com o objetivo de trabalhar nossas feridas causadas por relacionamentos anteriores – e não apenas os conjugais. A contrapartida da outra pessoa também funciona do mesmo jeito: juntos, segundo essa teoria, ambos poderão encontrar a combinação perfeita para se "curar" e crescer mutuamente. Se um dos dois optar por acabar com a relação antes de curar essa ferida dentro de si, isso significa que estará condenado a repetir a dolorosa situação nas relações subsequentes.

É claro que pode acontecer de homens e mulheres permanecerem em uma mesma relação por toda a vida, levando em conta o grau de maturidade, de valorização e de dedicação que tiverem um com relação ao outro. Dependerá também da cura que obtiverem para suas feridas, que, aliás, independe da idade em que vivem essa relação.

Por outro lado, depois do primeiro amor e a cada relação, aqueles que vivenciam novos relacionamentos começam a se recuperar e a amar novamente, aceitando a possibilidade do encontro com o outro de modo mais inclusivo e com menos atritos. Se um dos dois parceiros foi abandonado no passado ou alvo de zombaria e desrespeito, por exemplo, as consequências dessas situações permanecerão presentes em seu íntimo – até serem suplantadas. Quem não conseguir resolver isso poderá não encontrar condições favoráveis para seus relacionamentos malsucedidos.

Quanto mais harmônicas forem as experiências iniciais do relacionamento, tanto melhor para o seu desenvolvimento. Essa é a razão por que, desde os primeiros momentos em que ele evolui para namoro e para a primeira experiência de convívio conjugal, digamos para o primeiro casamento, homens e mulheres precisam se ater menos à impetuosidade da paixão – e à ansiedade por compartilhar um mesmo espaço físico –, e mais à necessidade de serem cuidadosos com as possíveis armadilhas que minam e condenam as relações. Já falamos aqui de várias delas, que, se consideradas a tempo, oferecem aos casais grandes chances de minimizar problemas, e que vão desde os machucados maltratados do passado às mais nefastas consequências de atitudes egocêntricas, passando pelo cultivo de preconceitos, pelo jogo de se fazer de vítima versus culpar a si e ao outro, pelo menosprezo e desrespeito, também por si e pelo outro, pelo cativeiro emocional entre o sequestrador e o sequestrado, por tentativas de dominação do outro e até de submissão ao outro – só para citar algumas.

Já falamos das etapas que deveriam vir antes da decisão de um casal morar junto pela primeira vez, em que sugeri até mesmo ensaiar essa experiência, passando dias ou semanas sem se separar, com o objetivo de cada parceiro perceber e observar o outro nas situações mais cotidianas e banais. É extremamente válido, visando a longevidade do casamento ou a convivência mútua, não repetir atitudes e pensamentos anacrônicos, os quais já não condizem mais com os novos tempos, em que um novo paradigma surgiu, delineando um novo homem com relação a uma nova mulher. Ele agora verbaliza o que pensa e quer, é mais sincero, mais sensível e menos estressado por ter se libertado da condição de único provedor familiar, entre outras características. Ela, por sua vez, torna-se cada vez mais independente do que nunca e, com seu lugar já assegurado na sociedade, não precisa mais se massacrar pelo companheiro, podendo reassumir seu lado mais feminino ao lado dele e da família.

Ainda como uma dica que significa muito para a relação dos recém-casados, não importa se formais ou informais, é importante que não se tornem reféns de modelos de comportamento que colocam em primeiro lugar a vontade de ser perfeito, de ganhar dinheiro, de ser reconhecido pelo sucesso profissional e social – tudo em detrimento de valores essenciais e mais profundos. Quais valores? Todos os que vêm merecendo a atenção das colocações aqui feitas e os que ainda serão aquilatados na sequência. Estes convergem para um mesmo esforço, que é o de compor verdadeiros pares, em que os parceiros, vivenciando dentro de si a relação, completam e se complementam, visando não só um relacionamento melhor, mas uma vida melhor como um todo.

Em todo caso, a despeito dos percalços dessa trajetória, que sabemos que não é fácil de ser percorrida, para quem inicia um relacionamento, recomendo procurar manter o bom humor como um ingrediente indispensável para a vida a dois. Afinal, nada como ter ao lado de si uma companhia agradável, que não impõe obstáculos e muito menos gasta horas disparando críticas e se martirizando. O bom humor, tanto do homem quanto da mulher, torna o relacionamento mais prazeroso e, junto com outros componentes, é peça fundamental para seu percurso e manutenção. Ele suaviza e cria um clima de harmonia que só intensifica o desejo de estar um ao lado do outro.

ASSIMETRIA QUE ESTIMULA OU ENFRAQUECE

Ainda que tudo caminhe para um relacionamento evolutivo, dentro dos parâmetros que venho apontando neste livro, é comum, porém, que nem sempre os dois parceiros estejam no mesmo nível de entrega, dedicação, predisposição e amadurecimento. E não me refiro mais aos relacionamentos novos, mas a todos. Aliás, recorrentemente costumo ouvir comentários em que se misturam queixas e culpas por um dos parceiros admitir que ama menos o outro do que se percebe amado. Da mesma forma, a dedicação ou o amadurecimento de cada um pode contribuir para terem diferentes *timings* para investir no vínculo afetivo entre eles.

Quando aparecem discrepâncias na evolução entre os dois parceiros, o cuidado deve ser redobrado, principalmente se um permanece dedicado ao crescimento pessoal, profissional, intelectual etc., e o outro, estagnado em uma vida mais rotineira, caseira, imersa em assuntos triviais com muito pouco aprendizado. Assim, as distâncias vão ficando maiores, as visões discrepantes e as trocas mais rasas, ao contrário de uma relação evolutiva, que pressupõe a nutrição dos dois para fortalecê-la.

Por outro lado, cabe ressaltar que assimetrias surgem em vários vínculos afetivos. Existe, por exemplo, entre pais e filhos, professor e aluno, em que as partes têm status diferentes na relação. No casal, porém, mesmo que os parceiros tenham posições distintas, eles mantêm o mesmo grau de interferência no seu vínculo. O poder é dos dois igualmente, assim como as possibilidades de construção e de destruição.

No fundo, por mais contraditório que seja essa situação, o desequilíbrio entre as partes pode ter seu lado positivo, uma vez que a assimetria é importante para que um estimule o outro nos momentos que se fizerem necessárias atitudes de suporte emocional. Mas pode acontecer, conforme observado, que um dos parceiros esteja estagnado e o outro se incomode com essa passividade. E essa diferença de ritmos pode ser motivo para brigas e desinteresse crescente, principalmente por parte da pessoa mais ativa, que se incomoda com a improdutividade, descompromisso ou lentidão da outra. Basta se lembrar aqui do caso que citei no capítulo anterior, da esposa indignada com a "lerdeza" de seu segundo marido, que, por sinal, nas brigas, acusava-a de ser "o homem da casa", enquanto ela dizia que ele só perdera tempo na vida. E aqui vale a lembrança de que, agindo dessa maneira, muitas mulheres acabaram atraindo para si uma crítica que antes faziam aos homens, quando eles voltavam para casa e tratavam a família como os funcionários da empresa.

Mas quando o casal consegue superar atritos como esse, quando afinal já consegue cultivar um clima mais amoroso, é preciso incentivar essa aproximação cada vez mais. E uma boa maneira de alcançar esse objetivo é estar atento para muitos detalhes da vida em comum e do relacionamento em si, por mais insignificantes que possam parecer. Por que não elogiar o parceiro a cada novo e importante passo para a construção da relação? Por que não oferecer flores e outros presentes inesperados? Ou, para atitudes mais profundas, por que não se mostrar disposto a rever conceitos, objetivos, planos e valores em comum? Tolerância e flexibilidade são fundamentais para que o vínculo entre os parceiros se mantenha forte e saudável. Não há quem não se sinta nutrido ao receber apoio e valorização pelo que conseguiu, por mais simples que pareça. Sempre haverá vacinas para o mal do desgaste que o tempo provoca no convívio entre os casais.

PERDOAR É CRESCER

Uma predisposição importante por parte de homens e mulheres, para que seus relacionamentos possam ser entendidos como a relação de um casal evolutivo, reside na capacidade de ambos de exercitar o perdão mútuo. Eles precisam, porém, ultrapassar o que é esperado e os limites tradicionais. Para que alguém consiga perdoar o outro, antes precisa aceitar a ideia de que está convivendo com outra pessoa que não um clone de si mesmo, ou seja, para perdoar, as pessoas precisam aceitar as diferenças. Chegar a esse estágio não é tão fácil, já que a maior dificuldade está em cada um deixar de lado convicções próprias, que podem estar bastante arraigadas. Precisam, por exemplo, ter a possibilidade de rever expectativas criadas sobre o parceiro, um exercício a ser frequentemente repetido como um hábito, para instrumentar a atitude inclusiva para com o outro.

É importante ainda, para evitar descaminhos, que o casal tenha claro para si que, ao estabelecer uma relação, nenhum dos dois assinou um contrato para um ser submetido ao outro. Na verdade, esse contrato é de união, de parceria, de engrandecimento mútuo. E para que homens e mulheres cheguem a essa plena compreensão, dizia Moreno, o criador do psicodrama, é preciso um aprender a se colocar no lugar do outro, entender o ponto de vista alheio e como a situação está sendo vista – ou seja, ao menos enxergar a questão com o olhar do outro. Não que essa seja uma tarefa fácil, mas sem ela é impossível rever posturas e identificar eventuais erros que comprometem a relação. Até mesmo para perdoar é preciso ter autocrítica, pois assim cada pessoa envolvida na situação reconhece sua responsabilidade (ou irresponsabilidade) e não cai no ímpeto automático de jogar a culpa no outro.

Explico melhor como faço nas terapias com os pacientes: recorro muito ao exercício de uma pessoa se colocar no lugar da outra, criando as mais diferentes cenas e situações, o que em psicodrama se diz "inverter o papel com o outro", uma técnica que traz significativa contribuição para a maturidade emocional de quem a experimenta. Os pacientes então se imaginam como o outro, assumindo o papel dele sem utilizar as próprias referências, e sim as da outra pessoa. Na sequência, eles são motivados a enxergar a si próprios com os olhos do outro. É nesse movimento de deslocamento de si para o outro que se abre a dimensão que facilita à pessoa perceber a própria responsabilidade em determinada crise. Nessas sessões, observo que pessoas muito enrijecidas, inclusive cheias de preconceitos, não refletem muito sobre suas vivências, não transpõem regras que criaram para si mesmas e, se vierem a amadurecer, fazem-no com mais dificuldade. Tendem a identificar no outro as próprias dificuldades, a que chamamos de identificação projetiva.

Quando homens e mulheres superam preconceitos, egocentrismos, ciúmes, mágoas, imposições, enfim, tudo o que atravanca as relações, eles atingem determinado grau de maturidade em que errar deixa de ser um acontecimento exclusivamente negativo para se tornar um aprendizado. Dessa maneira, perdoar, no fundo, permite às pessoas e aos casais crescer significativamente. Por outro lado, quando o homem e a mulher não são capazes de absolver o outro, quando há juízes, culpados e vítimas, o relacionamento se faz acompanhar de sofrimento diário, porque assim permanece presente entre eles a lembrança de quem fez mal a quem. E, cá entre nós, ninguém consegue em sã consciência transar com alguém que sente que pode vir a destruí-lo a qualquer momento. E assim a relação se enche de raiva, ódio e desejo de vingança, de sentimentos que ao final consomem uma grande carga de energia, deterioram a vida em comum e obscurecem sentimentos mais dignos, levando os parceiros a perder a confiança e o respeito mútuos, submetendo-os a um mal-estar contínuo. Sob tais circunstâncias, é válida a analogia com o copo de cristal que, uma vez trincado, deixa de inspirar confiança porque pode se estilhaçar sem aviso. A desconfiança mina a base de qualquer relação, deixando-a seriamente comprometida.

Perdoar o outro e a si mesmo não significa, porém, passar por cima do que se acredita, nem mesmo se submeter à vontade alheia ou afrontar e deteriorar a própria autoestima. Muito pelo contrário. Para haver perdão, é preciso aceitação do outro como ele é e aceitação de si mediante autocrítica, para assim se poder praticar esclarecimentos, exteriorização de angústias e mágoas, ou seja, um conjunto de ações que, se bem-administradas, acabam por gerar uma espécie de libertação. O resultado virá com um novo colorido que com certeza a vida dos envolvidos ganha, e, no caso dos relacionamentos, a vida em comum dos parceiros. Tenho visto grandes avanços dos casais, que passam a viver a condição de casais evolutivos, quando eles conseguem relevar e aceitar que, ao lado de cada um dos parceiros, existe outro indivíduo, que é diferente dele próprio e que tampouco coincide com a fantasia que se criou em torno dele. Essa compreensão permite aos dois parceiros reconstruir o vínculo que os une sob novas bases, mais realistas e menos fantasiosas, estabelecendo novas articulações e novos contratos possíveis de serem cumpridos.

INFIDELIDADE NÃO É DESAMOR, NEM AGRESSÃO

Um dos pontos fundamentais para essa evolução é saber lidar com as crises entre homens e mulheres envolvendo a infidelidade. O assunto já foi abordado anteriormente, mas volto a repetir que nem sempre a chamada traição indica desamor e muito menos deve necessariamente levar ao rompimento das relações conjugais. Muitas pessoas se sentem agredidas diretamente pelo outro, mas deixam de perceber o quanto esse outro é fruto de suas idealizações e não das condições emocionais e possíveis do outro. Se o casal puder elaborar e verificar melhor situações como essas, ele consegue vencer a armadilha de um querer dominar o outro, ou de um querer se fazer de vítima do outro. E quando essa fase passar, será mais fácil o homem e a mulher se tornarem mais cúmplices de uma verdade possível. A reconstrução de uma relação é difícil, mas existe a possibilidade de muitos acessos a ela.

A infidelidade definitivamente não deve ser confundida com desamor: este é, aliás, um dos alertas deste livro. E eu enfatizo que o amor pode persistir da mesma forma, apesar da traição, desde que se possa entender que a infidelidade é própria da condição humana, ou seja, vem do desejo acentuado de suprir lacunas internas que uma pessoa pode ter mais ou menos que outra, momentaneamente ou não. Pode, inclusive, resultar de buscas e afirmações que residem, consciente ou inconscientemente, no interior dela, e que não influem diretamente em seu amor presente na relação estável que os parceiros mantêm. Não se pode ignorar que devaneios e desejos ocultos pululam a mente de todas as pessoas. Essa é uma compreensão do ser humano que tem tudo a ver com maturidade.

Dentro da temática que envolve a infidelidade, outra ameaça que daí surge para os relacionamentos evolutivos vem do ressentimento. Este não deve gerar aprisionamentos, embora seja comum acontecer com quem não supera a traição e apenas finge superação. É, aliás, um comportamento bastante comum, que fica evidente mediante atitudes policialescas e suspeitas recorrentemente levantadas, remetendo às dores sentidas lá trás, o que provoca tensão na vida de qualquer casal. As pessoas dominadas por inseguranças acabam por minar a própria identidade de homem ou de mulher, o que é uma consequência imediata da baixa autoestima.

Para relevar comportamentos ou atitudes, o tempo é um dos aliados mais importantes nessas questões ou em muitos casos. Permite o redimensionamento da crise instalada, sob novos pontos de vista e longe do calor da hora. A dor pode então ser reelaborada sob uma nova realidade e dar lugar a importantes fatores como a autocrítica e a revisão dos próprios conflitos. Essa atitude, na verdade, estimula um olhar menos beligerante a respeito de diferentes situações, propiciando o entendimento de que nem sempre elas são causadas conscientemente. Leva-se, portanto, certo tempo para se chegar ao perdão, mas ele é imprescindível para ajudar os casais a adotar uma nova postura de vida e a entender que efetivamente errar faz parte da condição humana. Todo mundo erra.

RISCO QUE TRANSFORMA AS RELAÇÕES

Gosto de repetir a expressão que diz que amar é correr riscos. Retomando a observação sobre a impetuosidade da paixão, entendo que muita gente adaptaria a frase para algo como "apaixonar-se é que é correr riscos". A boa dose de fantasia que envolve as paixões, fazendo homens e mulheres imaginar tudo de melhor no parceiro eleito, até justificaria essa reformulação. Por outro lado, um olhar atento para o real significado e as verdadeiras implicações do amor permite perceber que o amor é que verdadeiramente detém o poder das mudanças.

Afinal, só ele possui a força necessária para despertar, entre os parceiros, sentimentos de compreensão, aceitação, desenvolvimento pessoal e mudança – para citar alguns deles. E isso acontece independentemente de o véu da paixão permanecer ou cair do rosto do companheiro, revelando ou não o lado amargo do outro. Se não cair e não desvelar o outro lado dele ou dela, é porque a contradição de sua personalidade não suplanta o amor. Mas, na verdade, pouco importa. Se cair, será o próprio amor que se encarregará de fazer com que um queira descobrir, entender, aprender e desejar melhorar juntamente com o outro. O amor é a grande energia revolucionária e edificante que move a humanidade – e como nenhum outro sentimento.

7

FLUIDOS E FLEXÍVEIS: NOVOS TEMPOS, NOVOS RELACIONAMENTOS

Existe uma analogia bem interessante e ilustrativa para explicar o espírito dos tempos atuais em comparação com o que ficou para trás, principalmente o século XIX e as primeiras décadas do século XX, que diz o seguinte: aquele foi o tempo dos estados sólidos e hoje vivemos o tempo dos estados líquidos. O primeiro remete a uma imagem mais concreta e estática e o segundo, a uma mais fluida.

Em breves palavras, o estado sólido traduziria uma época mais mecanicista, presa à ordem e às classificações bem-delimitadas, mundo em que as máquinas deram o tom das conquistas humanas, pois foi com elas que a humanidade pôde se desenvolver como nunca, com a instalação de fábricas e a geração de capital para o progresso. Da maneira como as pessoas lidavam com essas máquinas acabou surgindo, afinal, um pensamento que se expandiu para outras áreas, perdurando até hoje – e que interessa citar aqui, justamente para pensar o relacionamento entre o homem e a mulher na atualidade. Trata-se do "estímulo-resposta", que vem da ideia de que basta apertar um botão para que tudo comece a funcionar.

Com relação ao tempo dos estados líquidos, podemos imaginar uma série de implicações bem diferentes das primeiras. Líquidos não têm forma e se adaptam a qualquer recipiente, pressupõem movimento, fluidez, não há como agarrá-los com as mãos. Suas características são muito parecidas com a maneira como a humanidade hoje se comunica, faz negócios e se relaciona, utilizando-se para isso das novas tecnologias da informação e da comunicação. Ou seja, tudo está mais rápido, dinâmico, sem forma definida, sem fronteiras, livre de amarras, virtual e permeável às mais diferentes combinações.

Comparar essas duas percepções de mundo tem aqui o propósito de consolidar o que eu quis dizer a você, leitor, sobre os novos tempos e as novas relações entre novos homens e novas mulheres. E não é por um erro de revisão que estou repetindo à exaustão o adjetivo "novo", mas porque é realmente importante chamar a atenção para essa fase.

Toda mudança implica a criação de um novo arranjo entre as partes. Quando terapeutas focam um determinado grupo, quer familiar quer não familiar, eles sabem que quando um de seus integrantes sai ou morre, ou mesmo quando nasce um elemento novo, automaticamente se veem diante de outro grupo, que é diferente do anterior. A diferença é causada pelo surgimento de novas intercessões, que agora são outras, assim como são outros os arranjos e os contatos entre todos. Ciente dessa interferência tão básica, quando ela se aplica a um homem e a uma mulher nos mais variados contextos, é possível imaginar a multiplicação de arranjos que surgem das novas posições que cada um deles passa a assumir. Pensar nessas novas configurações ajuda a entender a extensão das mudanças que vêm ocorrendo hoje, algo sem precedentes na história da humanidade – e que continua a trazer importantes consequências para os relacionamentos.

Já vimos aqui muitas dessas implicações, principalmente as que levaram os dois parceiros a romper com estereótipos que iam de encontro às exigências de um mundo mais flexível, cujas fronteiras físicas e conceituais estão mais diluídas e cuja antiga ordem das coisas precisa de reorganizações – assim mesmo, falando isso no plural.

Para colocar essas observações em termos práticos, sugiro relembrar os papéis que homens e mulheres desempenhavam até pouco tempo atrás: o primeiro, como autoridade e provedor familiar, apesar de se mostrar incapaz de cuidar da própria roupa e de outros afazeres para sua sobrevivência diária; a segunda, como esposa submissa, cujo termo utilizado na época traduzia bem o que dela se esperava – "dona de casa", expressão que a colocava mais próxima dos serviços domésticos e pressupunha certa incapacidade dela de lidar com o mundo lá fora.

Acontece que, com os novos tempos e a fluidez das novas percepções, aquele homem autoritário e insensível não escondeu mais suas fraquezas, inseguranças e carências, passando a dividir a responsabilidade da casa e a se entregar aos prazeres da paternidade, sem se importar se tudo isso seria ou não uma atribuição feminina. Já a mulher, depois de um primeiro momento procurando se focar apenas em ganhar a vida fora de casa, em pouco tempo tornou-se "a" dona da casa, agora não mais quase como uma peça do mobiliário, mas passando a conciliar sua vida profissional com o imprescindível espaço interior de convívio com o parceiro e a família.

De dona de casa para dona da casa, foram necessários anos e alguns desencontros, até que surgissem novos encontros, como abordamos ao longo deste livro. E o mesmo aconteceu com os homens, mas também com as relações entre homens e mulheres, palco de tantas transformações, muitas delas, inclusive, ainda em pleno curso. Sim, porque mesmo que a humanidade esteja passando de um estado de pensamentos e modelos sólidos para concepções e atitudes em estado mais fluido, não é de uma hora para outra que tudo deixa de existir. As pessoas não respondem às transformações do mundo em uníssono. A realidade da humanidade é sempre plurivocal, cada pessoa tem suas notas, seu tom, seu ritmo interno e responde a seu tempo às mudanças por que passam.

E uma vez que heranças de outros tempos em relação às novas realidades geram comportamentos fora de época, principalmente nos relacionamentos, é pertinente citar exemplos de como isso vem acontecendo nos dias de hoje. Para isso, volto àquela ideia de que basta apertar um botão para que tudo de repente funcione. Pois essa é exatamente a visão mecanicista do mundo que permanece viva na mentalidade contemporânea, travando muitos relacionamentos, e que aqui chamo de "crença no imediatismo". De que maneira isso acontece?

RESPOSTAS MILAGROSAS IMEDIATAS

Em outros tempos, para efeito de comparação com o que acontece hoje, quando um objeto quebrava, o comportamento natural das pessoas era mandá-lo para o conserto. Hoje, predomina a ideia do descarte e da substituição imediata, o que leva as pessoas a providenciar o quanto antes um objeto novo, sem se interessar em saber qual é o defeito do primeiro e em como poderiam eventualmente recuperar o que já possuem. Simplesmente as pessoas trocam tudo, inclusive namorados e cônjuges. Parece que aí está a via mais fácil para contornar as dificuldades.

Cada vez mais, as pessoas se mostram condicionadas a encarar o mundo e a tentar resolver seus problemas por meio de fórmulas prontas. Buscam uma receita certa para se apaixonar, para viver o grande amor, ou a dica preciosa para salvar o casamento, como se bastasse para isso dizer a palavra mágica ou estender o braço e pegar a solução na prateleira. Essa é, aliás, uma atitude influenciada pela dinâmica da propaganda que insufla o consumo e a satisfação imediata. Segundo essa lógica, para atender a uma necessidade qualquer, basta um produto; até surgir outra necessidade e outro produto, e assim por diante.

Não é muito diferente disso o que faz a mídia quando, juntamente com sua programação, transmite uma série de valores, crenças, conceitos e jeito de pensar, algo que as pessoas acabam interiorizando, comentando com alguém e contribuindo para disseminar. E assim, com bastante facilidade, isso vira um valor que se instala no cotidiano. A verdade é que viver em sociedade implica compartilhar experiências, opiniões, traços, características e vivências em comum, aqui incluídos ainda idiomas, hábitos, leis, tradições e uma série de outros elementos que afinal definem e dão identidade às pessoas que fazem parte dela.

Minha intenção ao fazer essas colocações não é a de tecer críticas, e muito menos à mídia, porque sei dos benefícios que a comunicação traz para a informação e formação das pessoas, assim como para o desenvolvimento da democracia, para citar alguns. A ideia aqui é despertar a atenção para movimentos que podem fazer que certas tendências permaneçam vivas no imaginário social. Explico melhor com um exemplo pessoal. Frequentemente sou convidado a dar entrevistas em vários meios de comunicação e a comparecer a diferentes programas de televisão – algo que, aliás, tenho imenso prazer em atender, principalmente porque nessas ocasiões posso compartilhar meus conhecimentos com um maior número de pessoas. São ocasiões em que também viso ajudá-las a entender que a dor de uma crise muitas vezes precisa de um processo lento, além de exigir dedicação e reavaliação da situação, a fim de que as pessoas possam lidar com o que não está dando certo. Todas as vezes que me consultam para opinar sobre minha área de especialidade, assim como quando respondo a essas solicitações da mídia – ou, ainda, nas páginas de meus livros –, um cuidado especial guia as colocações que procuro fazer. E minha preocupação se justifica em razão daquela visão muito presente e marcante na atualidade: a abordagem imediatista.

É por isso que, em vez de indicar passos "infalíveis" a serem seguidos nas mais diferentes proposições, como às vezes me solicitam, tento mostrar algo mais a todos, procurando fornecer-lhes ferramentas para que se instrumentalizem – ou percebam a importância de se instrumentalizar –, para aí, sim, empreenderem as próprias ações e não se perderem, nem perderem seus respectivos amores. Em outras palavras, procuro demonstrar que existem recursos internos, de autoconhecimento e entendimento do que ocorre com cada um, os quais ajudam as pessoas a desenvolver sua autocrítica e a dosar seu egocentrismo, de maneira a analisar a si e aos outros, assim como ao contexto em que vivem. E tudo para que consigam encarar a realidade, conscientes de que ela não é dada, mas construída individualmente, sempre visando a sociedade como um todo.

A ideia é mostrar que a realidade que os casais vivem não é imutável e há maneiras seguras de transformá-la. Se o marido se mostra de um jeito e a mulher de maneira bem distinta, é porque ambos são o que são no momento presente. Até podem sê-lo por determinado período, mas eles também podem muito bem vir a mudar caso se disponham e empenhem na busca de outra linguagem para a sua comunicação.

É mais coerente e responsável de minha parte, portanto, dizer a uma mulher ou a um homem que vive uma crise com seu parceiro que mais vale ela ou ele procurar fazer uma revisão, identificar eventuais traumas de sua história pessoal e que estejam interferindo no presente, procurar se fortalecer como pessoa – ainda que seja penoso e precise de ajuda profissional –, para assim ter melhores condições de julgar seu parceiro, de se colocar no lugar dele, inclusive para conseguir conversar melhor na hora de acertar o quer que seja.

Essa atitude no dia a dia, por mais que para alguns possa parecer fácil, demanda uma real inversão de papéis. É preciso "ser" o outro sem plagiar o que se "acha" do outro, o que é bem difícil. Desprender-se dos próprios preconceitos exige um distanciamento que não se consegue automaticamente. Por isso, é importante desenvolver essa habilidade, para então conseguir entender o que o outro pensa e a partir daí o que ele sente. A atitude de um homem para com uma mulher, ou vice-versa, pode ser interpretada de uma maneira completamente diferente da dele, ou da dela, aliás, às vezes até de maneira bastante distorcida. A dedução dessa conta não é matemática e demanda uma visão mais abrangente, para assim haver coincidência nessa troca, ou seja, entre o que se emite e o que se recebe. Muito frequentemente, porém, interferem nesse processo crenças como a de que homens e mulheres estão prontos para se atacar e o único recurso é a defesa. Para qualquer intervenção relacional, a verdade é que não existem soluções mágicas, tudo aí é construção.

Mas é claro que, dentro do imediatismo que rege a sociedade contemporânea, talvez essa não seja a resposta que muita gente queira ouvir, já que ela demanda processos de reflexão, de autoconhecimento e de amadurecimento – o que implica tempo. E esse tempo não é apenas cronológico, mas também emocional, pois é preciso deixar amadurecer os frutos que se quer colher. Para os relacionamentos não existem receitas prontas, logo não basta misturar "ingredientes" e saber o ponto exato de parar de mexer ou de cozinhar. Nas diferentes relações dos mais diferentes casais, cada caso é sempre um caso, com particularidades específicas que o faz ser um caso único, porque únicas são as pessoas, por mais que as situações se repitam e existam afinidades ou semelhanças.

É por essa razão que, antes de dizer "primeiro, faça isso", "segundo, faça aquilo" e assim por diante, recomendo sempre que antes de qualquer iniciativa, é preciso estar consciente de que atitudes e definições de vida só ocorrem com equilíbrio emocional: esse é o ponto de partida. Com desprendimento e serenidade, torna-se possível olhar fundo dentro de si, para encontrar dores malcuradas, preconceitos arraigados e outras amarras que dificultam a relação, mas também para descobrir o outro e a relação que se vive com ele – tudo sem ruídos destrutivos causados por ecos de egocentrismo ou da própria baixa autoestima.

Um jeito divertido de ver como o imediatismo permanece vivo na sociedade atual é lembrar-se da criatividade dos desenhos animados e dos filmes de ficção. Fascinam todo mundo, principalmente quando eles representam o futuro, no qual as pessoas acionam dispositivos especiais para terem o que desejam: a melhor e mais deliciosa refeição, a mais linda roupa, o pretendente bonitão, a garota mais charmosa, a chance de se teletransportar no tempo e no espaço... Aí está a expressão da arte desnudando e revelando muito do que somos e imaginamos. À sua maneira, também o famoso conceito de fast-food que se disseminou pelo mundo é um símbolo real de todo esse culto ao imediatismo.

Adeptas dele também são as fofocas que diagnosticam e os palpites que procuram dar as melhores respostas para as situações, ainda que sem conhecê-las mais profundamente, ou melhor, tridimensionalmente. Na verdade, fofocas e palpites assim concebidos servem apenas para atender à urgência de se ter uma solução para um conflito. Mas este, com suas mais variadas dimensões, só consegue ser mais bem--avaliado se antes das respostas vierem indagações e reflexões sobre o que ocorre. Soluções que se impõem sem que antes tenham sido feitas perguntas pertinentes nem sempre funcionam, por mais engenhosas ou inteligentes que forem. Já vi casos de homens que, para melhorar seus relacionamentos, arquitetaram comemorações fantásticas para suas mulheres, só que estas não se entusiasmaram nem deram valor a elas, simplesmente por estarem conectadas a outras esferas de sua vida. Já soube também de mulheres que protagonizaram cenas de performances sexuais, imaginando homens embriagados com a poção de libido típica da adolescência e, assim, caíram no ridículo ou no desprestígio deles. Em outras palavras, não adianta querer "comprar a solução no supermercado", onde, inclusive, há muita coisa à disposição e sequer se exige esforço para sua criação e construção.

Uma análise mais a fundo desse pensamento imediatista permite perceber que se trata de uma visão de mundo que contém embutido outro valor que também está em alta nos tempos contemporâneos, que é o da velocidade. E imediatismo mais velocidade é igual à instantaneidade. E instantâneos têm sido a satisfação de desejos, os encontros, as etapas dos relacionamentos, a resolução de problemas, e assim por diante. Basta para isso pensar no "ficar" como alternativa ao namoro e modelo de relação; nos dispositivos digitais de celulares que levam antes ao sexo do que a encontros verdadeiros; nos casamentos e descasamentos-relâmpago; no consumo e descarte acelerado de dicas prontas para todos os problemas.

Por causa dessa disparidade entre o culto ao imediatismo e a compreensão de que uma relação humana demanda tempo para ser construída é que recorro a uma comparação pertinente, entre os valores disseminados hoje e aqueles que regem com sabedoria as relações humanas, para isso voltando aos ensinamentos da Torá, a bíblia hebraica, mencionados no capítulo anterior. Lá, conforme a origem da cerimônia "Bedeken", que é revivida como uma lição aos noivos do presente, um pretendente esperava sete anos para desposar sua amada e mais sete anos para, depois de conviver com o lado sombrio e desconhecido dela, finalmente descobrir e acessar seu lado belo, metaforicamente falando.

NÃO EXISTEM TECLAS MÁGICAS

Meu objetivo com todas essas colocações é procurar despertar o seu olhar, meu leitor, para a necessidade de não absorver as coisas ao redor como se fossem verdades absolutas. Como venho dizendo ao longo deste livro – e de meu percurso como terapeuta –, é preciso ter tolerância, disposição e empenho para entender e construir as relações. Não há como apertar botões – nem teclas mágicas, para usarmos termos mais atuais.

O que acontece na internet e nas mídias sociais, por exemplo, nas quais justamente pulula a ideia das teclas mágicas, é tudo bem diferente da realidade da vida. Lá as pessoas publicam fotos produzidas, criam uma realidade falsa e consumista da felicidade, habitam mundos irreais e se mostram muito melhores do que são na realidade. Enquanto isso, aqui fora, no cotidiano, há dificuldades, brigas e desencontros, não existem tantos sorrisos de contentamento quanto mostram os selfies digitais e sua incrível competição de felicidade.

Já no universo das revistas, não é porque elas trazem matérias listando "as dez qualidades que fazem uma mulher ter sucesso com os homens – dentro e fora da cama", que uma leitora que não se encaixa nos quesitos listados não vá ter o mesmo tipo de desempenho. Ou, ainda que ela acredite que sim, não é porque de repente decide literalmente viver a personagem sugerida, mesmo que não tenha nada a ver com ela, que tudo esteja garantido. O problema é que muitas leitoras se deixam influenciar por esse tipo de informação, algo que presencio há décadas nas sessões de terapia. Incapazes de atingir espontaneamente as metas ditadas por essas regras e tantos outros manuais, elas terminam se sentindo por baixo, podendo, inclusive, vestir o estereótipo da "mulher ruim de cama" ou o da "mulher boa de cama", retraindo-se lá e exagerando aqui, em atitudes completamente artificiais. Algo que, aliás, está a anos-luz de sua genuína essência feminina.

Certa vez, uma paciente minha, em sessão de terapia, contou-me que dias antes, deixando-se levar por aquilo que o senso comum diz ser a preferência dos homens, resolvera fazer uma "surpresa sexy" para o marido. Seu objetivo era incrementar a relação e, para isso, vestiu um espartilho vermelho, cinta-liga, chicotinho e todos os demais apetrechos que costumam ser vendidos juntos, a condicionar a imaginação. Acontece que, pego de surpresa, realmente de uma maneira inesperada, a reação do marido foi cair na gargalhada. Decerto, ele percebeu que algo destoava e estava forçado, ou talvez possa ter sido movido por lembranças anteriores, não é possível saber ao certo o motivo do riso. Para sorte dela, e dos dois, como ambos estavam vivendo um bom momento juntos, acabaram se divertindo, ironizando a si mesmos em plena imitação de personagens imaginários. Pior seria se eles não estivessem bem consigo mesmos nem os dois com a relação, fazendo com que as consequências daquela gargalhada pudessem ser desastrosas, especialmente para a autoestima dela.

E já que falamos aqui sobre surpresas e performances sexuais, abro um parêntese a fim de dar uma orientação para casais que já mantêm um relacionamento mais estável e têm dúvidas sobre ousar ou não ousar, aliás, uma pergunta recorrente que me fazem. O que dizer a eles? Que se houver espaço na intimidade deles, que procurem conversar sobre o assunto – desistam das listas prontas. Diálogos abertos ajudam muito, até para um conhecer o limite do outro e saber respeitá-lo. É o que minha paciente da surpresa sexy poderia ter feito antes. No clima de brincadeira, é mais fácil expressar desejos reprimidos pela vergonha ou pelo receio do que o outro possa pensar. Entre quatro paredes, os dois sabem que as regras são outras, cabendo a eles descobri-las juntos. Quando há valorização, amor e respeito mútuos dos parceiros, tudo pode ser prazeroso e divertido, mesmo da maneira mais discreta e delicada. A questão é cada um conhecer a si e às particularidades de sua relação, em vez de seguir padrões prontos.

SOBE O MACHO-BETA, DESCE O MACHO-ALFA

E por falar em padrões prontos, o ambiente corporativo e empresarial costuma ser um celeiro de ideias e práticas disseminadas pela mídia e que chegam ao cotidiano das pessoas como se fossem normais, inclusive em seus relacionamentos – e sem que sejam avaliadas nesse deslocamento, ou seja, de um ambiente a outro. Assim, muita gente é levada a se espelhar e até copiar comportamentos e valores que são úteis para as empresas e o ambiente de negócios, mas não o são necessariamente para a vida pessoal. Um exemplo dessa transposição de valores são os testes de seleção e promoção citados anteriormente, os quais servem para medir a reação dos profissionais a determinadas situações de trabalho, como liderança, imposição ou estímulo-resposta. O problema é que inadvertidamente eles costumam ser usados como parâmetro para dizer quem são as pessoas na vida real. Úteis lá, mas desastrosos aqui, não se aplicam nem devem ser usados para a vivência amorosa como a que estamos estudando aqui.

Outro conceito que tem muito a ver com o ambiente de sucesso empresarial e de negócios, mas que também ecoa há tempos no dia a dia das pessoas, atende pelo termo "macho-alfa". Emprestado da biologia, na qual serve para nomear o macho dominante de determinados agrupamentos de animais, na sociedade humana ele define homens de sucesso invejados, detentores de cargos de liderança e de muito poder, geralmente econômico, que provavelmente marcaria todos os pontos nos testes de avaliação das empresas.

Como característica principal do macho-alfa, em uma esfera mais leiga, é um homem que atrai a atenção de todas as mulheres, por sua alta capacidade de dominar os ambientes, mas ele também dispõe de esperteza e determinação suficientes para se juntar a grupos masculinos – daí ser interessante considerá-lo também no âmbito dos relacionamentos. E é aqui que surge um dado interessante de se pensar dentro do novo cenário contemporâneo: antes festejado quase como um deus a viver no olimpo da sociedade, o que se descobriu, desde a entrada em cena do novo homem e da nova mulher, é que ser um macho-alfa não é mais sinônimo de sucesso garantido – nem no trabalho, nem na vida amorosa. E tudo porque há outro forte candidato ao posto: o "macho-beta".

O macho-beta surge dentro de um cenário que não exige mais dos homens a mesma seriedade, perfeição, autossuficiência e rigidez. E assim ele se define como um homem que não faz questão de ficar em evidência, nem de provar sua autoridade o tempo todo; ele tampouco tem medo de mostrar suas emoções e não se importa em dividir tarefas. É justamente por causa dessas qualidades que o chamado macho--beta está se tornando o preferido por boa parte das mulheres, a qual busca um companheiro mais sensível, alguém que inclusive privilegie e participe do convívio familiar, ao contrário do homem que antes colocava a conquista de poder, dinheiro e mulheres acima de tudo e de todos. O dado é curioso porque o termo "beta", em seu aspecto negativo, paradoxalmente serve também para denominar o homem que não interessa tanto, pois designa um homem submisso, fácil, desesperado, inseguro, previsível, e, principalmente, sem atitude.

Assim como acontece com os homens, essa inversão de preferências, para as mulheres, também tem se mostrado verdadeira, uma vez que os homens há tempos preferem a "mulher-beta" a uma "alfa" dominadora – lembrando que o termo "alfa", no caso delas, também indica a mulher bem-sucedida, independente e focada na conquista do poder. São as adeptas do "eu posso, eu serei e eu terei", postura que lhes dá a convicção de que chegarão ao lugar em que o desejo delas está.

Mas para mostrar, porém, que até mesmo essas classificações são redutoras ao tentar captar a complexidade da natureza humana, chamo a atenção para a capacidade que homens e mulheres têm de incorporar uma e outra qualidade, mudando de alfa para beta e vice-versa, dependendo da situação. Eu mesmo já acompanhei esse movimento em pessoas que conseguem ter consciência de seus objetivos e limites, algo que obtiveram depois de aprender a se conhecer, para em seguida conhecer o outro.

Procuro demonstrar aqui a importância de estar atento para uma série de regrinhas e cardápios que aprisionam homens e mulheres em conceitos prontos e até preconceitos, fazendo com que repitam o que escutam e, pior, tomem-no para si como verdade, o que pode gerar desajustes, intransigência e muita infelicidade.

Com muita frequência identifico nos pacientes que chegam para as sessões de terapia que muitas das crises por que passam têm origem em ideias preconcebidas e pouco flexíveis. Muitos estão atados a elas e não conseguem se desvencilhar de estereótipos como o do macho-alfa, da mulher heroína estoica, da eterna amante, do homem traído, da vítima eterna da vida, do ciumento desconfiado, da mulher infeliz com mais de 50 anos, da "mulher-ômega", que é a submissa por decreto, e assim por diante. Ao estimular cada um deles a sair da pele desses personagens, por meio das várias abordagens técnicas de psicoterapia de que disponho para atingi-los, só assim esses pacientes conseguem se colocar no lugar de quem convive com eles. E passam a olhar a situação e a eles próprios por outro prisma, que reflete várias imagens, colorindo e levando-os a ampliar seus campos de visão.

A ARTE DE MUDAR O PONTO DE VISTA

Reservadas as proporções, esse mesmo movimento, de encarar sob outro ângulo afirmações que em um primeiro momento pareciam irrefutáveis, é justamente o que me proponho a fazer quando sou solicitado a comentar conceitos prontos, típicos do senso comum. Com base nos meus conhecimentos como terapeuta, nessas situações assumo o compromisso de compartilhá-los, procurando desconstruir cada um deles para mostrar como tudo depende de vários fatores. A questão é escolher uma perspectiva e se posicionar nos demais ângulos, a fim de examiná-la. Aliás, exatamente como recomendo a homens e mulheres proceder em seus relacionamentos, para assim vivenciar o ponto de vista alheio e ter maiores chances de resolver eventuais conflitos.

A título de exemplo, a fim de frisar a importância dessa disposição em pensar para além do que é dado, menciono duas ocasiões em que me convidaram a comentar realidades e conceitos do senso comum: uma se referia a várias afirmações sobre a essência masculina e a outra, a respeito da saúde e da sexualidade na maturidade, em especial a da mulher com mais de 50 anos. Reproduzo a seguir algumas de minhas observações feitas em cada ocasião, em que justamente procuro relativizar as situações. Começo pelas sentenças sobre a natureza masculina.

Dizia a primeira proposição que "os homens só pensam em sexo", uma crença arraigada a que tratei de responder falando que "depende da situação", até porque o sexo pode ser um fardo para o homem, principalmente por causa das excessivas cobranças de boa performance. Uma segunda afirmação era a de que "os homens não sofrem por amor", o que me soou completamente falso. Os homens sofrem, sim!

Mas o fazem de forma amarga, silenciosa e no escuro. Eles têm sentimentos, o problema é que na maioria das vezes sentem imensa dificuldade em expressá-los.

Outra das colocações era a de que "os homens não são românticos". Na verdade, antes de sair reproduzindo tal afirmação ou, o que é pior, antes de acreditar nela, é melhor entender que se trata de um estereótipo construído durante anos, desde os tempos das brincadeiras mais enérgicas da infância, que já destoavam dos jogos femininos, em que elas, com suas bonecas, desenvolviam mais a afeição. A diferença do comportamento masculino, nesse aspecto, quando comparado ao feminino, é a de que o romantismo masculino dura menos tempo, considerando-se ainda que os homens tampouco se perdem em divagações, lembranças e planejamentos.

Para fazer mais uma colocação corriqueira que envolve as frases dadas – e os conceitos dados –, cito aquela que diz que "os homens traem, sem exceção à regra". Na verdade, muitos não pensam em trair, por acharem complicado lidar com a mentira, por ficarem mal em relação ao compromisso que têm com a mulher, por sentirem culpa pela ingenuidade dela, ou por falta de vontade ou lugar para trair. Por fim, chamo ainda a atenção para a necessidade de relativizar a crença de ques "os homens fogem do casamento": nesse caso, embora tendam a preferir uma relação sem compromisso, quando sentem que correm o risco de perder a mulher que amam são os primeiros a se colocar a favor do compromisso e da cerimônia do matrimônio.

Com relação às frases feitas sobre a mulher mais madura, havia uma que dizia ser o medo da aparência "a maior preocupação da mulher que chega aos 50". Também aí chamei a atenção para dizer que isso só será verdade se essa mulher não aceitar a vida em seu movimento inexorável e insistir em permanecer fixada na imagem de tempos passados. Aí, sim, ela estará fora da realidade e se sentirá muito infeliz.

Para a afirmação de que "a menopausa muda radicalmente a vida de uma mulher", eu ponderei que nem tanto assim. É claro que aparecem alguns sintomas e há mudanças físicas importantes, mas se a vida que ela leva é plena em acontecimentos – seja no trabalho, na vida afetiva e social ou na familiar –, a menopausa não assume o lugar central e é encarada normalmente. Por fim, comentei a sentença de que "após os 50, mulheres gostam menos de fazer sexo": e aqui a minha resposta é "sim e não". Algumas sim, porque decidem não medir a satisfação da vida pelo sexo e elegem outra área para dar mais atenção. Outras não, já que com o tempo vão se soltando e descobrem-se mais livres, percebendo que podem ter uma vida sexual ativa, que antes era até desconhecida para elas. O resultado tem se revelado bastante positivo.

Repetir conceitos e ideias prontas, como muita gente faz e, o mais preocupante, incorpora como verdade, decididamente não é o melhor caminho para um relacionamento evolutivo. Os novos tempos exigem flexibilidade para rever posturas e arriscar novas situações, se assim for necessário.

SEMPRE É TEMPO DE AMAR

Recentemente, um paciente meu, dividido entre duas posições, perguntou-me se devia voltar a procurar sua "ex" para se desculpar por todas as vezes em que ele a destratara, ainda que ele também tivesse sofrido por anos com rejeições e maus humores recorrentes. Ele parecia não se conformar com o fim da relação, porque se guiava pela máxima de que "os casais não devem romper vínculos". Por outro lado, apesar dessas dúvidas, ele acabava de encontrar outra mulher, bastante bem-humorada, disponível, animada com tudo o que faziam, e com quem estava passando momentos especialmente agradáveis. Só que as crenças arraigadas do dever da permanência na relação a qualquer custo e sofrimento o impediam de aceitar aquela nova chance que o destino lhe proporcionou.

Por outro lado, não é porque existe uma crença ou uma tendência aceita pelo senso comum que ela deva ser totalmente questionada, como uma espécie de aversão a receitas prontas. A realidade é bem mais complexa do que isso. Tudo depende da capacidade de as pessoas estarem dispostas a mudar, a se adaptar, a respeitar e a se valorizar. Até porque há casos em que homens e mulheres que chegam juntos à maturidade, depois de décadas de transformações pessoais e relacionais, podem ou não encontrar uma maneira de reconstruir os laços, de se reenlaçar. O ser humano se empenha para cumprir suas metas rumo ao que tem como imagem de felicidade. Os parceiros que melhor souberem se adaptar às mudanças que abriram, e ainda abrem, caminho para o surgimento de uma nova mulher e de um novo homem mais fortemente conseguirão avaliar o vínculo que os une. É bom lembrar que mudar significa se permitir ser diferente do que se foi ou se é, significa encontrar respostas que sempre se quis ter, significa ser sincero consigo mesmo. Então surgem verdades que se escondiam e uma nova vida passa a ser desenhada – ou redesenhada.

Em tempos de atritos entre estados sólidos e líquidos, este último tem a natureza da permeabilidade e da flexibilidade. Tanto o casal que merece ser festejado como espécime raro quanto o que se forma para se dar mais uma chance na vida demandam a busca pelo equilíbrio entre esses dois estados. E a explicação para o sucesso está nos percalços vividos por eles, avaliados com maturidade e sensatez, pois, com certeza, um dia perceberam que tudo o que conheciam, de outros tempos, sobre os papéis masculino e feminino em uma relação perdera a validade. Daí o tempo nublado, chuvoso, com trovões e raios por que tiveram de passar, adaptando-se aqui e acolá com sabedoria, para, depois da tempestade, verem brilhar no horizonte tempos harmoniosamente enluarados e ensolarados. A visão da esperança sempre vai lhes oferecer um pote de ouro no fim do arco-íris.

No entanto, mais do que estarem juntos na maturidade ou em qualquer fase da vida, o relacionamento só poderá ser reconhecido como a relação de um casal evolutivo se os parceiros realmente estiverem bem consigo mesmos e bem um em relação ao outro. De nada adianta comemorar dia dos namorados, bodas de prata, ouro ou diamante se a relação estiver totalmente destituída de afeto, de proximidade física, sem convívio nem interesses em comum, movida apenas pelo cumprimento de agendas e tarefas, pela manutenção dos bens e pela satisfação familiar e social. Se assim estiverem, serão dois indivíduos amortecidos, vivendo como um "amortecídio", com a morte emocional inscrita na própria relação *a-morte-cida*.

Caso contrário, se os dois tiverem aprendido a dividir medos, guardar segredos e encarar o mundo juntos, percebendo que muitos dos conflitos relacionais que surgiram estavam ancorados em conceitos e preconceitos – e também em vivências irreais que os confundiram e então souberam reconhecer –, isso significa que compreenderam que o amor é para refletir a vida que tiveram e que ainda mantêm. E se eventualmente não tiverem mais sexo, mais dinheiro ou mais eventos espetaculares, poderão ainda assim ter grandes chances de o relacionamento continuar a florescer sem tudo isso. O que também é uma grande prova de amor, porque, mais jovens ou mais velhas, essas pessoas demonstram que aprenderam a elaborar todos os ingredientes que as acompanharam durante o convívio. Utilizaram-se do "já vivido" para poder experimentar tantas outras coisas, conseguindo lidar com o que as frustrou, ou com aquilo que perderam, e reiniciar o que ainda precisava ser feito, para compor uma vida melhor.

Na verdade, esse símbolo do "envelhecer juntos" revela algo que já está presente nos casos mais precoces de amor. Quem, afinal, ao começar a amar alguém e viver um pequeno percurso de felicidade e harmonia não desejou que durasse para sempre? Quem acreditou que eles não iriam mais se separar ou que nunca, um dia, um iria "morrer" para o outro? Todo amor começa para nunca mais terminar, seja para as pessoas mais velhas, seja para as que estão nos primeiros passos.

Quando homens e mulheres maduros conseguem escapar das mais diferentes armadilhas dos relacionamentos, e ainda assim mantêm uma relação sadia, eles reforçam as esperanças de que o amor pode atravessar, nutrir e conduzir a vida das pessoas. Afinal, a felicidade dos relacionamentos depende da qualidade dos nossos afetos, das escolhas que fazemos, da nossa disposição em nos curar, em nos conhecer e conhecer o outro. Só que ela deve sempre obedecer à nossa natureza e não a preceitos ditados pelos outros. O amor que vive dentro de cada um, inalienável, estará disponível para o outro – e assim será compartilhado dentro da relação. Se isso for impossível, permanecerá lá dentro da alma, mas mesmo assim, nessa instância virtual, compensar-se-á pela lembrança vívida do que um dia foi compartilhado.

Sem trapaças, sem mentiras, sem medo, só desse modo é possível atingir a plenitude de nosso próprio ser – para assim estarmos realmente prontos para a permuta do amor. Porque o amor é, principalmente e constantemente, deixar florescer a alma e renascer. Sem ele, tudo murcha e perece. Como a água, ele tem a propriedade de atrair, produzir adesão, nutrir, pulsar a vida. O amor é um estado líquido que solidifica o mais profundo sentido de estarmos vivos.

Luiz Cuschnir
www.luizcuschnir.com.br

Este livro foi composto em Baskerville
e impresso pela Intergraf
para a Editora Planeta do Brasil
em março de 2015.